무심코 단 댓글도
죄가 되나요?

집단 따돌림부터 인터넷 댓글까지, 어린이가 알아야 할 법
무심코 단 댓글도 죄가 되나요?

초판 1쇄 2025년 8월 4일

글 정관성 그림 홍수진 | **펴낸이** 황정임
총괄본부장 김영숙 | **편집** 김로미 김선의 정지연 | **디자인** 김태윤 이선영
마케팅 이수빈 윤인혜 | **경영지원** 손서안 정충만 | **제작** 이재민

펴낸곳 도서출판 노란돼지 | **주소** 10880 경기도 파주시 교하로875번길 31-14 1층
전화 (031)942-5379 | **팩스** (031)942-5378
홈페이지 yellowpig.co.kr | **인스타그램** @yellowpig_pub
등록번호 제406-2009-000091호 | **등록일자** 2009년 11월 18일

ⓒ 정관성·홍수진 2025
ISBN 979-11-5995-519-8 73360

• 이 책의 그림과 글의 일부 또는 전부를 재사용하려면 반드시 저작권자와
  도서출판 노란돼지의 동의를 얻어야 합니다.
• 값은 뒤표지에 있습니다.
• 책 모서리가 날카로우니 던지거나 떨어뜨리지 마세요.

집단 따돌림부터 인터넷 댓글까지, 어린이가 알아야 할 법

무심코 단 댓글도 죄가 되나요?

정관성 글 · 홍수진 그림

작가의 말

법은 우리를 지켜 주는 울타리예요

　우리는 남의 물건은 허락 없이 쓰지 않으며, 학교에서 급식을 먹을 때 차례를 지키고, 나보다 약한 사람을 때리거나 괴롭히지 않아요. 이처럼 다른 사람과 함께 어울려 살려면 서로를 위해 지켜야 할 '약속'이 있답니다. 세상을 질서 있게 유지하고, 모두가 안전하고 마음 놓고 살아갈 수 있도록 만든 규칙이 바로, '법'이에요.

　법은 나쁜 사람을 혼내 주려고 만든 게 아니에요. 법은 세상을 더 좋게 만들어요. 의료보험, 국민연금과 같은 국민의 건강과 행복을 보장하는 복지 제도나, 학생과 선생님을 보호하는 법, 환경을 보호하고 기후 위기에 대비하기 위한 법도 있답니다.

　사회적으로 힘이 약한 사람을 일컬어 '약자'라고 하는데, 법이 있어야 약자를 보호할 수 있어요. 어린이 여러분도 약자예요. 돈이 없어 가난한 사람, 우리나라에 돈을 벌러 온 외국인 노동자, 나이가 많은 노인이나 장애인도 모두 약자예요. 법은 억울한 일을 당하거나, 힘이 약한 사람들을 보호하기 위한 울타리예요.

"법 없이도 살 사람이야."라는 말을 들어 본 적 있나요? 법이 없어도 남을 해치거나 피해를 주지 않고, 바르고 정직하게 살아갈 착한 사람이라는 뜻이에요. 스스로 옳은 행동을 하려고 노력하는 사람을 가르켜 이렇게 말해요. 여러분도 죄를 짓지 않고, 다른 사람을 배려하며, 옳은 일을 하는 바른 사람이 되고 싶나요? 그런데 때로는 '나쁜 마음'이 없었는데도 법을 어기는 일이 생기기도 해요. 장난으로 한 말이나 무심코 올린 사진, 잘 몰라서 한 행동이 법에 어긋나는 일이 될 수 있거든요. 모르고 그랬더라도 벌을 받게 될 수도 있어요.

이 책은 어린이 여러분이 살아가면서 마주칠 수 있는 여러 가지 상황을 통해, 법이 무엇인지, 왜 중요한지, 어떻게 나와 다른 사람을 지켜 주는지, 어떤 행동이 옳은지를 이야기해요.

약자를 배려하고 책임감 있는 사회 구성원으로 살아가려면 어떻게 해야 할지, 답을 찾아보는 시간이 되길 바랍니다.

정관성

차례

작가의 말 • 4

약속을 했지만 한 게 아니라고? • 8
신뢰를 바탕으로 한 계약의 성립 • 16
사람의 생명과 안전이 가장 먼저예요 • 18

게임 아이템만은 안 돼요 20
미성년자와 성년 • 26
미성년자의 책임 • 27
미성년자의 법률 행위 • 28

내가 부른 건데 마음대로 못 올려? • 30
저작권법 • 38

단톡방에서 말조심해 • 42
개인의 명예 • 50
명예 훼손 • 51

장난인 줄 알았어요 • 52
학교 폭력 예방에 관한 법률 • 59

병원비만 물어 주면 돼요? • 62
손해·배상 • 68
보상 • 69

형이 가져가서 놀고 다시 돌려줄게 • 70
공갈과 강도·재물손괴 • 77

진짜 그런 세상이 있었다고요? • 78
학생인권조례 • 85

선생님을 괴롭혔다고? • 88
교권 침해 • 96

걸리기만 해 봐 • 98
학교안전공제회 • 106

우리 집 근처에 성폭력범이? • 108
아동 청소년 성범죄의 처벌 • 115

사고 나면 어쩌려고? • 116
교통 법규 신뢰의 원칙 • 122

찾아 주면 만 원! • 124
유실물법 • 130

잘못 알고 그런 건데 처벌받아요? • 132
공무 집행 방해 • 139

부록 • 140

약속을 했지만 한 게 아니라고?

"약속을 했으면 지켜야지!"

"내가 언제 약속을 했다고 그래!"

쌍둥이 집이 소란스러워. 서윤이 서하, 쌍둥이 남매가 서로 눈을 부라리며 대치 중이야. 무슨 문제일까?

"네가 보고 싶은 텔레비전 프로그램 볼 수 있게 양보해 주면, 나랑 알까기 한다며? 이제 끝났으니까 해야지."

서윤이는 서하가 약속을 어겼다고 큰소리를 쳐.

"아니, 난 딱 그것만 본다고 한 게 아니고, 다음 프로그램도

볼 생각이었단 말이야. 그리고 알까기는 언제 한다고 시간을 딱 정한 것도 아니잖아! 그러니까 오늘 안으로 할게."

서하도 물러서지 않았어. 서윤이는 바둑판을 들고서 텔레비전 앞을 가로막고 섰지. 서하는 텔레비전 소리를 더 크게 올리면서 꿈쩍도 안 하고 소파에 앉아 있어.

"아휴, 왜 이렇게 시끄러워? 소리 좀 줄여. 왜 또 싸워?"

저녁을 준비하느라 정신없던 엄마가 나섰어. 서윤이 서하가 서로 자기 말이 맞다며 아옹다옹 엄마한테 설명을 해. 가만히 듣던 엄마가 드디어 결론을 내리지.

"너희들은 서로 약속을 했지만, 그건 약속을 한 게 아니야. 그러니 서하는 텔레비전 끄고, 서윤이는 바둑판 치우고 조용히 있어. 안 그러면 혼날 줄 알아."

엄마의 결론은 항상 이런 식이야.

"약속을 했지만 안 했다고요? 그런 게 어디 있어요?"

서윤이가 먼저 말대꾸를 하고 나섰어.

"약속은 구체적으로 명확하게 해야 하는 거야. 서하는 보고 싶은 프로그램을 언제까지 볼 건지, 알까기는 언제 할 건지 시간을 정했어야 해. 너희들은 약속을 한 것처럼 보이지만, 제대로 된 약속을 한 게 아니라고."

"어? 엄마! 타는 냄새 나요."

서하가 코를 움켜쥐었어.

"이런! 너희들 때문에 또 탄 냄새 나는 계란찜 먹어야겠다. 어휴! 엄마는 동시에 두 가지 일 못 하는 거, 몰라?"

엄마는 아리송한 말과 짜증을 남기고 주방으로 달려갔어.

저녁 시간이야.

"아빠, 아까 서하가 저랑 한 약속도 안 지키고선 자긴 그런 약속 한 적 없다고 우겼어요."

아빠가 집에 들어오자마자 서윤이가 말을 쏟아내.

"아니에요. 저 약속 어긴 적 없어요. 오늘 안에 알까기 한판, 하기만 하면 되잖아요. 밥 먹고 나서 할 거예요."

서하가 하는 말까지 들은 아빠가 조심스레 결론을 내리지.

"아빠가 듣기엔 서하가 조금 더 잘못한 거 같아."

"둘 다 약속을 제대로 안 했으니 서로 할 말이 없는 거지."

이번엔 엄마가 끼어들었어.

"약속이 구체적이지 않더라도 말이지. 세상 사람들이 볼 때, '대체로 어떨 땐 어떻게'라는 게 있잖아. 서윤이는 당연히 서하한테 텔레비전 프로그램 선택권을 양보했으면, 그 프로그램이 끝나면 알까기를 해 줄 거라고 기대했을 거야. 그런데 솔직히 서하도 텔레비전을 더 보고 싶으니까 서윤이랑 한 약속을 미룬 거 아니야?"

"흥, 아빠는 늘 내 편이라더니!"

서하가 금세 토라지자 그 틈을 놓치지 않고 엄마가 거들었지.

"서하야 아빠가 놓친 게 있어. 실제로 아까 네가 텔레비전 보려고 할 때 서윤이는 딱히 보고 싶은 게 없었어. 네가 거실로 나오기 전에 서윤이가 혼자 이것저것 틀어 보다가 리모컨을 내던지고 매직카드 만지고 노는 걸 엄마가 봤거든. 서윤이는 혼자 심심하니까 괜히 너한테 양보하는 척하면서 그 대가로 알까기를 얻어 냈던 거야. 엄마 말 들어 보니, 어때?"

"역시, 우리 엄마야!"

서하가 엄마를 끌어안으며 말했어.

"아니거든요? 저도 보고 싶은 게 있었는데, 조금 늦게 시작하는 거 같아서 안 봤던 거고, 서하한테 알까기 한 판으로 양보한 건 제 손해거든요? 어떻든 약속은 약속이죠!"

서하와 서윤이의 말싸움에 머리가 아픈 건 아빠와 엄마였어.

"그래서, 알까기는?"

아빠가 묻자 둘은 고개를 저었어.

"자, 그만 다투고 지금 알까기 해. 그러면 이 문제 끝나네. 아빠가 심판 볼게!"

서하는 내키지 않았지만 어쩔 수 없이 한판 붙었고, 알까기 고수 서윤이한테 어김없이 지고 말았어.

"밥 다 식어, 빨리 밥 먹어! 내가 못 살아, 정말!"

그리고 마지막에는 온 가족이 엄마 잔소리를 들어야 했지.

신뢰를 바탕으로 한 계약의 성립

    친구와 "내일 같이 놀자." 하고 약속했는데, '언제, 어디서, 무엇을' 하며 놀지 자세하게 정하지 않으면 어떻게 될까요? 나는 '학교 끝나고 놀이터에서 2시에 만나서 놀자'는 뜻이었는데, 친구는 '학원 마치고 저녁에 집에서 게임하자'는 뜻으로 생각할 수도 있어요. 법에서도 마찬가지예요. 계약을 맺을 때 각각의 상황에서 어떻게 할지를 구체적으로 정해야 나중에 헷갈리지 않아 다툼도 없어요.

    법에서는 약속을 '계약'이라고 해요. 계약은 둘 이상이 서로 합의하는 약속인데 내용이 구체적이고 명확해야 해요. 대충 정하면 서윤이와 서하처럼 서로 말이 달라서 다투게 되거든요.

    계약을 맺으면 서로에게 권리와 의무가 생겨요.

    학원을 예로 들어 볼게요. 여러분이 학원에 수업을 등록하면 학원비를 낼 의무와 수업을 들을 권리가 생겨요. 반대로 학원은 수업을 해 줄 의무와 학원비를 받을 권리가 생기는 것이지요. 계약은 신뢰를 바탕으로 하기 때문에 서로 약속을 한다는 건, 상대방이 약속을 지킬 거라는 믿음이 있다는 거예요.

    이걸 '상호신뢰의 원칙'이라고 하고, 약속을 지키는 걸 '계약 이행'이라고 해요. 세상 사람들이 으레 그럴 거라고 생각하는 범위 안에서 계약을 해야 약속을 잘 지킬 수 있어요.

학생
- 수업을 들을 권리
- 학원비를 낼 의무

학원
- 수업을 해 줄 의무
- 학원비를 받을 권리

다음 달부터 수학 강의를 듣고 싶어요.

네, 한 달 수업료는 이십만 원이고, 일주일에 두 번 수업해요.

계약 내용

- 과목 : 수학
- 수업료 : 한 달에 이십만 원
- 수업 시간 : 화, 목, 오후 4시 ~ 5시 30분

사람의 생명과 안전이 가장 먼저예요

《베니스의 상인》은 셰익스피어가 쓴 유명한 5대 비극 가운데 하나예요. 16세기, 악하기로 이름난 유대인 고리대금업자에게 빚을 진 베네치아 상인 이야기지요.

이야기 속 고리대금업자는 '빚을 갚지 않으면 심장 가까이에 있는 살을 자르겠다'고 협박해요. 하지만 이 내용은 처음부터 계약의 내용이 될 수 없어요. 왜냐하면 법에서는 사람의 생명이나 몸에 해를 주는 건 계약으로 인정하지 않기 때문이에요. 이런 약속은 아무리 둘이 합의했다 하더라도 법적으로 무효예요. 법은 사람의 생명과 안전을 가장 소중하게 생각하거든요.

바사니오는 친구 안토니오에게 청혼하러 갈 때 필요한 돈을 마련해 달라고 부탁해요.

안토니오는 고리대금업자인 샤일록을 찾아가 바사니오가 부탁한 돈을 빌려요.

게임 아이템만은 안 돼요

"애들아, 밥 먹자."

엄마가 서윤이 방문을 열며 말했어.

서윤이는 서둘러 컴퓨터를 껐지만 서윤이 손보다 엄마 눈이 더 빨랐지.

"너 누가 정해지지 않은 시간에 게임하라고 했어? 왜 약속을 어기고 네 맘대로 해?"

"동식이가 새로운 게임 아이템을 선물해 줘서 한번 해 본 건데……. 대신 이번 주 일요일엔 안 할게요."

서윤이는 말끝을 흐렸어.

"빨리 나와서 저녁 먹어. 일요일에 안 한다고 네 입으로 말했으니 꼭 지키고!"

서윤이가 게임 시간 규칙을 어긴 일은 그렇게 아무 일 없이 지나가는 듯했지. 그런데 며칠 뒤, 서윤이 반 친구 동식이 엄마한테 전화가 온 거야.

"예? 동식이가 엄마 카드랑 개인 정보로 게임 아이템을 사서

친구들한테 나눠 줬다고요?"

통화를 하던 엄마가 깜짝 놀랐어.

"아니, 그렇게나 많이요? 삼십만 원이면 어린애가 쉽게 쓸 돈이 아닌데, 우리 애한테도 물어볼게요. 네네, 맞아요. 요즘 애들이 게임에 빠져서 아주 난리가 아니네요. 어휴……."

엄마는 한숨을 쉬며 전화를 끊고는 서윤이를 불렀지.

"너 동식이가 준 게임 아이템, 동식이가 엄마 카드로 몰래 산 거 알고 있었어?"

"네, 알고 있었죠."

엄마는 서윤이 반응에 더욱 놀랐어. 몰랐다고 할 줄 알았는데, 아무렇지 않게 알고 있었다고 하니까 말이야.

"야, 정서윤! 그건 동식이가 엄마 카드를 몰래 쓴 거야. 도둑질이라고!"

"동식이 엄마가 그 게임은 해도 된다고 하셨고, 동식이 꿈이 프로게이머라고 하니, '난 포기했다. 네가 알아서 해.'라고 하셨다던데요? 그래서 동식이는 알아서 하라고 했으니까 게임 아이템을 사도 된다고 생각했다고요. 그리고 동식이 엄마는 집에

카드를 놓고 다니신대요. 저녁에 늦게 들어올 때, '니들이 알아서 밥 해결해.' 하면, 동식이랑 누나는 카드로 저녁 시켜 먹고 그런대요."

"프로게이머가 되든 말든 알아서 하라는 거랑 밥 알아서 해결하라는 게 어떻게 같은 말이니? 애들이 엄마 말을 아무렇게나 자기들 마음대로 해석하네."

엄마는 말은 그렇게 했지만 애들만 탓할 일은 아니라는 생각이 들었어. 동식이 엄마 행동도 이해가 되지 않았거든. 신용카드와 개인 정보는 어른들이 잘 관리해야 하는 건데 아이들한테 아무렇게나 쓰도록 하는 것도 그렇고, 아무리 동식이 꿈이 프로게이머라고 하더라도 규칙을 정하고 스스로 지키도록 가르쳐야지 어린아이한테 마음대로 하라고 하는 건 무책임하다는 생각이 들었지.

"동식이 엄마한테 부모 동의 없이 미성년자가 한 법률 행위는 취소할 수 있다는 걸 알려 줘야겠다. 동식이가 산 아이템 전체를 게임 회사에 돌려줘야 되는 거면 서윤이 네 아이템도 돌려줘야 할 거야."

"엄마, 동식이 엄마가 취소한다고 해도 제 아이템값은 엄마가 동식이 엄마한테 돈을 좀 주시면 안 될까요? 지금까지 한 번도 아이템 안 사 주셨잖아요, 제발요."

"서윤이 너, 이게 얼마나 심각한 일인지 몰라? 아이템 타령이나 하고, 으이구."

서윤이는 엄마를 졸랐고, 엄마는 서윤이를 흘겨보았어.

"첫째, 친구가 엄마 몰래 아이템을 샀다는 걸 알고 있었는데 모른 척한 것. 둘째, 네가 받은 아이템 가격이 삼만 원이나 되는데 껌이나 사탕을 받듯 아무 생각 없이 받아 놓고 엄마나 아빠한테 숨긴 것. 셋째, 동식이 잘못을 뻔히 알면서 엄마한테 말할 때는 문제없다는 듯이 말하고 슬쩍 넘어가려 했던 것. 모두 다 네 속이 훤히 보이는 짓이야. 혹시라도 아이템을 빼앗길까 봐 그런 거지? 동식이만 자기 엄마를 속인 게 아니야. 너도 네 양심을 속이고, 엄마를 속인 거야."

서윤이는 울상을 지었고, 한참 동안 엄마한테 꾸지람을 들어야 했어.

미성년자와 성년

민법에서는 19세 미만인 사람을 '미성년자'라고 해요. '아직 성년에 이르지 못했다'는 뜻이지요. 사람마다 마음이나 몸이 자라고 성숙하는 때가 다 달라요. 또 경험에 따라 세상에 대한 지식 정도도 다르고요. 저마다 성장하는 속도가 다른데 너무 이른 나이에 '성인'으로 인정해 주거나, 또는 너무 늦은 나이까지 인정해 주지 않아도 문제예요. 그렇다고 성인이 되는 시험을 볼 수도 없는 거고요.

그래서 '이 정도 나이면 성년이라고 하자'고 약속을 정했어요. 우리나라에서는 열아홉 번째 생일이 지나면 성인으로서 사회에서 '어른'으로 인정받게 돼요. 성인이 되면 보호자 동의가 없어도 계약이나 여러 경제 활동 등 민법에서 다루는 법률 행위를 할 수 있어요.

미성년자의 책임

'형법'은 죄를 지은 사람에게 어떤 벌을 내릴지에 대한 내용을 담고 있어요. 형법에서는 만 14세가 되지 않은 사람은 '형사미성년자'라고 하여 죄를 지어도 벌하지 않도록 하고 있어요. 아직 몸도 마음도 너무 어리기 때문에 아동을 보호하자는 취지로 만든 법이에요. 그런데 요즘 법의 이런 면을 이용하여 벌을 받지 않는다고 함부로 행동하는 아이들이 있어요. 아동의 권리를 법으로 보장하고 보호하는 만큼 미성년자들도 그에 걸맞은 태도를 가져야 해요. 더군다나 소년보호처분을 받으면 가족과 떨어져 지내야 할 수도 있어요.

미성년자의 법률 행위

미성년자가 법률 행위를 할 때, 그 일을 대신해 주거나 보조하여 권리를 보호해 주는 역할을 하는 사람을 미성년자의 '법정 대리인'이라고 해요.

법정 대리인의 동의를 얻지 않은 미성년자의 법률 행위는 취소할 수 있어요. 미성년자가 용돈을 모아서 백만 원짜리 명품 가방을 샀다고 해 봅시다. 이럴 때 법정 대리인이 동의하지 않았다면 구매를 취소할 수 있어요. 이때, 가방을 판 사람은 미성년자의 법정 대리인이 동의해 줬다는 동의권을 증명하지 못하면 가방값을 돌려줘야 해요.

다만 용돈으로 간식이나 교재를 사거나, 영화나 공연을 보는 경우, 적은 돈의 온라인 게임 아이템 구매는 상황에 따라 법정 대리인의 동의 없이도 가능해요.

대리권
법정 대리인이 미성년자를 대신해서 법률 행위를 해요.

동의권
미성년자가 혼자서 법률 행위를 할 수 없기 때문에 법정 대리인의 동의가 필요해요.

내가 부른 건데 마음대로 못 올려?

일요일 오후 내내, 서하는 방에 틀어박혀 아이돌 노래를 따라 부르고 있어. 인터넷에서 아이돌 정보를 찾고, 또 친구들한테 보내느라 시간 가는 줄 몰랐지.

"서하야, 아이돌 파는 정성으로 공부를 하는 건 어때?"

"도움 줄 거 아니면, 방해하지 말고 나가. 바쁘니까."

서윤이는 심심한지 괜히 서하한테 기웃거리며 딴지를 걸었지. 서하는 고개도 안 돌리고 하던 일에 집중했어.

"우아, 이거 뭐야? 공연 영상 직접 찍은 거네. 누가 찍었어?"

"아오! 저리 좀 가, 귀찮게. 알아서 뭐 하게?"

"누가 보내 준 거야? 단톡방? 거긴 이런 거 많겠네."

"궁금하지도 않으면서, 신경 끄셔."

이때 거실에서 서하랑 서윤이가 주고받는 말을 듣던 아빠가 서하 방으로 왔어.

"서하야, 아이돌 노래나 공연 영상 네 SNS에 올리거나 단톡방에서 주고받고 그러는 거니?"

"아빠, 왜요? 그럼 안 돼요?"

서윤이가 심심하던 차에 잘됐다는 듯 흥미롭게 물었어.

"아이, 참. 아빠까지 왜 그러세요? 저 지금 바쁘단 말이에요."

"아이돌 오빠가 아무리 좋아도 허락 없이 어디 올리거나 공유하고 그러면 안 돼. 책이나 노래, 공연, 영상물, 게임 같은 걸 문화 창작물이라고 하거든. 문화 창작물에는 창작자의 권리를 보호하는 저작권이 있어."

"아빠, 요즘엔 콘서트 할 때 휴대전화로 동영상 촬영하는 것도 막는다고 하더라고요. 서하, 너 아이돌 노래 SNS에 올리려고 했지?"

"서윤아, 넌 내가 뭘 못하게 되면 아주 좋아하더라? 대신 내가 멋지게 불러서 내 목소리로 올릴 거다, 흥!"

서하가 약이 올라서 서윤이를 흘겨보았어.

"어? 서하야, 그것도 어떤 경우에는 저작권 침해일 수 있어. 네가 직접 부른다 하더라도 노래에는 노래를 만든 작곡가와 작사가의 저작권이 있거든. 그렇기 때문에 저작권자 허락 없이 마음대로 공유해서는 안 돼. 네 노래를 많은 사람이 듣고, 또 상업적으로 이용하면 그것도 저작권 침해거든."

아빠가 침까지 튀겨 가며 열심히 설명할수록 서하는 시무룩해졌어.

"그럼 유튜브에 올리는 것도 안 되겠네요?"

"서하가 아쉬울지는 모르지만 그것도 원칙은 안 돼. 다만 돈을 벌 목적이 아니라는 것과, 그 영상을 올렸다고 해서 서하한테 이익이 될 게 전혀 없다는 게 뚜렷하면 저작권 침해라고 보지는 않아."

"그런데요, 아빠. 지난번에 사회 시간에 발표하는데, 서하는 유튜브 동영상을 갖다 붙여서 선생님과 아이들한테 박수를 받았어요. 말로 설명하다가 동영상을 보여 주니까 바로 이해가 쏙쏙 되고, 제가 봐도 좋더라고요. 사실 전 어떻게 하는지 방법을 몰라서 못했거든요."

서윤이가 서하를 칭찬하자 서하가 웬일이냐는 얼굴로 서윤이를 보았지.

"서하가 발표를 아주 잘했나 보네. 언론 보도나 교육, 학술 연구를 위한 저작물도 기본적으로는 저작권 보호를 받아. 다만 학교 수업처럼 교육 목적이라면, 저작물의 일부를 허락 없이

사용하는 것이 허용되기도 해. 서하가 수업 시간에 교육용으로 적절히 활용했고, 그 효과도 좋았다면 아마 저작자도 기쁘게 여기지 않을까?"

"아빠? 그럼 저작권이 있는 걸 쓰더라도 무조건 저작권 침해는 아니란 말씀이네요?"

서윤이는 저작권의 개념을 알 듯 말 듯했어.

"그래. 저작권이 있어도, 학교 수업처럼 교육을 위해서 일부만 쓰는 경우에는 법에서 허용되는 경우도 있어. 하지만 돈을 벌 목적이 아니라고 해서 다 괜찮은 건 아니야. 예를 들어, 유명 가수의 뮤직비디오처럼 저작권 보호를 받는 영상을 여러 사람이 모인 곳에서 틀면 '공연권'을 침해할 수 있거든."

"음……. 교육 목적이면 일정 부분까지는 괜찮고, 원래 돈을 벌 목적으로 만들어진 영상이라도 장소와 방법에 따라 주의해야 한다는 말이군요."

서하는 알겠다는 듯 고개를 끄덕이며 말했어.

"역시 우리 서하는 아빠를 닮아서 똑똑하다니까!"

서윤이는 아빠와 서하를 보며 어이없다는 표정을 지었어.

"이건 좀 다른 얘긴데, 예전에 자기 얼굴 사진을 올리면 연예인과 닮은 꼴을 알려 주는 앱이 있었거든. 그 앱에 연예인 60명 얼굴이 들어가 있었는데, 이 사람들이 앱을 개발한 회사를 상대로 소송을 했어. 자기들 얼굴을 마음대로 썼다는 까닭에서였지. 초상권 침해라는 거야."

"초상권이요? 내 얼굴에 대한 권리 같은 거예요? 그래서 소송에서 누가 이겼어요?"

서윤이가 물었어.

"앱을 개발한 회사가 소송에서 져서 한 사람마다 삼백만 원씩 물어 줬어. 사진관에 사진을 걸어 놓을 때도 사진 속 인물한테 허락을 받아야 해. 마찬가지로 공익적인 목적이나 언론 보도 등을 빼고는 다른 사람을 함부로 촬영할 수 없어. 아무리 연예인이라 하더라도 사진이나 영상을 함부로 쓰면 초상권 침해일 수 있으니 주의해야 돼. 특히나 그걸로 돈을 벌었다면 더욱 문제가 되지. 이를테면 연예인 사진을 몰래 가져다가 자기 가게를 홍보하는 데 쓰는 경우처럼 말이야."

"아하, 그럼 서하가 단톡방에 아이돌 영상이랑 사진까지 공유했다면 저작권 침해에다 초상권 침해까지 되는 거네요! 으이그, 그러니까 서하야, 오빠 말 듣기 잘했지?"

 서하는 서윤이가 뻐기는 게 좀 황당했어. 하지만 속으로는 이제라도 알아서 다행이라고 생각했지.

저작권법

사람의 생각이나 감정을 표현하여 창의적으로 만들어 낸 작품이나 물건을 창작물이라고 해요. 어린이가 만든 작품은 물론이고, 춤과 노래, 영상물, 교과서와 책, 건축물처럼 창의적으로 만든 작품에는 저작권이 있어요. 저작권을 보호하는 까닭은 우리가 누리는 여러 가지 문화를 풍요롭게 하기 위해서예요.

창작물을 보호하지 않으면 아무도 창작물을 만들기 위해 노력하지 않을 거예요. 여러분이 좋아하는 아이돌은 더 이상 멋진 무대를 하지 못하게 될 수도 있고, 재미있는 영상을 올리는 유튜버들도 더는 영상을 만들지 않을 수도 있어요. 책이나 미술 작품도 마찬가지예요. 창작자들이 더 이상 창작물을 만들지 않으면 피해는 결국 문화를 누리는 우리한테 돌아와요.

충분한 대가를 치르거나 허락을 받지 않고 다른 사람의 창작물을 마음대로 쓰는 것은 다른 사람 물건을 훔치는 것과 같은 행동이랍니다.

 **인터넷에서 떠도는 글, 그림, 사진 퍼서 내 홈페이지에 올리기**

저작권 표시는 없어도 저작권자는 반드시 있어요. 표시가 없는 저작물은 보호받는 저작물인지 아닌지 확인하기 어려워서 오히려 더욱 위험해요.

 **멋진 음악, 내 홈페이지나 블로그에 배경 음악으로 쓰기**

값을 치르고 구입한 음악은 괜찮지만, 여러분이 가진 음악 파일을 변환해서 홈페이지나 블로그 배경 음악으로 쓰면 저작권 침해예요.

 **인기 방송 프로그램 화면을 스크린 캡처하여 인터넷에 올리기**

드라마의 멋진 장면, 예능의 재미있는 장면을 사람들한테 공유하고 싶을 거예요. 하지만 그것도 저작권 침해예요. 방송 프로그램에도 저작권이 있고, 그중 스크린 캡처한 장면에도 당연히 저작권이 있어요.

 **좋아하는 가수 팬클럽 카페에 음악 올리기**

가수가 직접 작사, 작곡한 노래를 직접 음반으로 만들었다면 괜찮겠지만, 노래를 작사, 작곡한 사람이 따로 있다면 작사가와 작곡가, 그리고 음반 제작자한테도 허락을 받아야 해요. 가수가 노래만 불렀다면 그 가수한테는 노래를 부를 권리인 '저작 인접권'만 있는 거예요.

 **다른 사람 글, 그림 베끼기**

다른 사람 작품을 자기가 한 것처럼 베끼는 것을 표절이라고 해요. 글과 그림뿐 아니라 인터넷에서 숙제를 베끼는 것도 마찬가지예요. 혹시 어떤 내용을 설명하는 데 필요해서 가져다 썼다면 어디서 가져왔는지 출처를 밝혀야 해요.

 문제집, 참고서 등 학습 자료 스캔해서 학교 홈페이지에 올리기

학습 자료에도 모두 저작권이 있어요. 아무리 좋은 목적이라고 해도 함부로 자료를 공유해서는 안 돼요.

단톡방에서 말조심해

 서윤이가 거울 앞에서 요리조리 손을 흔들며 춤을 연습하고 있어.
 "서윤이 너 울트라엑스 춤 연습하고 있구나?"
 "어허, 오빠 춤 연습하는 거 방해하지 말고 나가시지?"
 서윤이는 서하가 간섭하는데도 아랑곳하지 않고 이번엔 팔을 뒤로 하고 몸을 눕혔다 일어나는가 하면, 머리를 빙빙 돌리며 춤 연습에 빠져 있어.
 "근데, 그거 알아? 우리 반 애들 울트라엑스의 엑스를 '똥'이

라고 부르는 거? 춤도 '똥춤'이라고 하던데?"

"뭐라고? 누가 울트라엑스를 그렇게 불러? 정말 혼 좀 나야 정신 차릴 꼬맹이들이네?"

"아마도 우리 반 애들 거의 다?"

서하 말에 서윤이는 그만 춤출 기분이 달아나 버렸어.

"서하야, 서윤이가 좋아하는 아이돌을 왜 자꾸 그렇게 말하니. 너도 울트라엑스 싫어해?"

옆에서 지켜보던 엄마가 끼어들었어.

"엄마. 난 좋지도 싫지도 않아요. 그냥 아무 관심 없어요. 제가 좋아하는 스타일은 아니어서요."

서윤이는 이렇게 말하는 서하 태도가 마음에 들지 않았지.

"야, 정서하 너 진짜······. 네가 좋아하는 아이돌 오빠를 내가 그렇게 말하면 좋겠냐!"

"아니, 왜 나한테 그래. 난 싫지도 좋지도 않다니까. 그냥 싫어하는 애들이 많다고 했을 뿐인데. 우리 반에 울트라엑스 안티 팬클럽 가입한 애들도 많아."

"어머, 애들이 그런 데서 연예인 욕하는 글 올리고 그러니?"

엄마가 깜짝 놀라서 물었어.

"오픈 채팅방 들어가서 막 욕하고 그러던데요. 시연이가 채팅하는 거 옆에서 잠깐 보니까 장난 아니더라고요."

"너희들, 그게 얼마나 위험한 일인지 모르는구나. 나쁜 소문 퍼뜨리고 그러다가 걸리면 책임을 져야 할 수도 있어."

"그것 봐라. 서하 네 친구들 이제 큰일 났네."

서윤이는 엄마가 자기 편을 드는 것 같아서 기분이 좋았어.

"시연이 말고도, 은혜, 슬하……. 흠……, 그러니까 적어도 제가 아는 애들만 해도 우리 반에서 다섯 명은 넘을 거 같은데요?"

"그런데 걔들은 울트라엑스를 왜 싫어한대?"

"잘은 모르지만, 울트라엑스에서 제일 인기 많은 민주가 공연할 때 걸그룹 뉴뉴의 멤버 중 누굴 좋아한다고 했나 보던데."

서하 말을 들은 서윤이는 뭔가를 골똘히 생각했어.

"맞어! 얼마 전에 인터넷 기사에서 '울트라엑스와 뉴뉴팬 충돌'이란 제목이랑 댓글이 같이 캡처되어 올라온 걸 봤는데, 어쩐지 글이 초딩 같더라. 너희 반 애들 다섯 명 중 하나 아냐?"

서윤이는 열을 올리며 서하한테 따지듯 물었어.

"댓글에 뭐라고 써 있었길래? 넌 댓글까지 그렇게 꼼꼼하게 읽고 기억해?"

서윤이가 핸드폰을 꺼내 기사를 찾아 보여 주었어.

"여기 한번 봐 봐. '민주 정말 답 없다. 인기도 없는 게 뉴뉴멤버 희야 좋아한다고 콘서트에서 말했다는데, 말이 돼? 초등학교 다닐 때 옷에 똥 싸고, 밥 먹다 토했대. 그래서 다른 애도 그걸 보고 밥 먹다 토했대. 그래서 민주가 울트라똥에서 최고 똥, 대표 똥이라던데. 희야 좋아할 자격 있어? 어이 상실. 헐~' 이거야. 아무리 봐도 어른이 쓴 거 같지 않았어. 완전 초딩이지. 게다가 닉네임이 '똥쟁이냐너'라고 한 것만 봐도 완전 유치하지."

서윤이가 흥분해서 말했어. 가만히 듣고 있던 엄마가 한마디 거들고 나섰어.

"그런 말을 쓴 걸 가지고 꼭 초등학생이라고 볼 수는 없지. 서윤이 추측이 사실인지 아닌지 알 길은 없네. 내가 좋아하는 연예인을 다른 사람이 싫어한다고 해서 그 사람들을 욕하면 너도 기사에 댓글 단 '똥쟁이냐너'와 다를 바 없어."

엄마 말에 서윤이는 머리를 긁적였어.

"그건 그렇지만……."

"누군가 자기에 대해 나쁜 소문을 퍼뜨리고 다닌다면 어떨까? 마음에 큰 상처를 입게 되고, 심각하면 사회생활이 어려워질 수도 있어. 누군가에 대한 안 좋은 소문을 퍼뜨려서 그 사람에게 피해를 끼쳤다면 그것도 범죄라는 사실을 알아야 해."

"그런데요, 엄마. 미성년자는 처벌받지 않는다면서요?"

서하가 물었어.

"만 14세 미만 어린이는 형사 처벌은 안 받겠지만, 가장 안 좋은 경우에는 소년보호처분으로 소년보호기관인 '소년원'에 갈 수도 있어. 아무리 인터넷이라 하더라도 자기를 완전히 숨길 수는 없어. 게다가 형사 처벌은 받지 않더라도 정신적, 물질적 피해에 대한 배상은 해야 해."

"그럼 엄마 아빠가 돈을 물어야 할 수도 있는 거예요?"

서윤이 눈이 동그래졌어.

"당연하지. 서윤이는 함부로 친구들 의심하지 말고, 서하도 친구들한테 누군가를 싫어한다고 해서 몰래 숨어서 흉보고 욕하면 안 된다고 알려 줘!"

엄마의 말에 서윤이는 고개를 끄덕이고 서하는 관심 없다는 듯이 텔레비전만 보다가 한마디 했어.

"전 안 할래요, 괜히 그랬다가 '오지랖이네' 하는 소리만 들을 거 같아요."

서하가 냉정하게 말하자 서윤이는 또 서하를 흘겨보았지.

개인의 명예

'명예'라고 하면 사회에서 큰 존경을 받는 사람을 떠올릴 거예요. 하지만 법에서 말하는 명예는 '나는 이런 사람이다'라고 내세울 수 있는 권리 같은 거예요.

엄마, 아빠의 명예

가정의 가장, 직장에서는 성실한 직원, 친절한 이웃, 다정한 친구

서윤, 서하의 명예

평범한 초등학생, 밥 잘 먹는 아들, 얘기 잘하는 딸, 착한 제자, 재밌는 친구

명예 훼손

　어떤 사람이 사람들이 많은 곳에서 "저 사람은 도둑이야!"라고 말했어요. 이건 명예 훼손일까요, 아닐까요? 사실이든 아니든, 많은 사람들 앞에서 누군가를 나쁜 사람처럼 보이게 말한다면, 그 사람의 명예, 그러니까 사회적인 평판이나 체면이 크게 손상될 수 있어요.

　실제로 도둑이 아니라면 더 큰 문제예요. 하지만 그 말이 사실이라 해도, 특별한 이유가 없이 사람들 앞에서 굳이 밝혀서 상대방을 망신 주거나 해를 끼쳤다면, 법적으로 명예훼손이에요.

　도둑이라는 말은 누구나 듣기 싫은 표현이고, 이런 말을 들으면 다른 사람들 시선도 달라질 수 있어요. 한번 무너진 명예는 다시 회복하기 어렵기 때문에, 말 한마디도 조심해야 해요.

장난인 줄 알았어요

학원 수업을 마치자마자 서하, 서윤이는 가방을 싸기 바빴어. 그런데 갑자기 교실 뒤쪽에서 큰 소리가 들렸지.

"야, 내가 그런 거 아니라니까 자꾸 그러네. 진짜 짜증 나게!"

"네가 민서한테 그랬다던데 뭘! 지혜는 학원 다니는데 시험 보면 맨날 다 틀린다고 했다며. 네가 내 시험지 봤어? 다 틀리든 말든 네가 뭔 상관이야."

연우랑 지혜였어. 서윤이는 왠지 관심이 가서 가방 싸던 손이 느려졌지. 서하도 마찬가지야. 역시 행동까지 비슷한 쌍둥이지.

"민서한테 확인해 보자. 너 내가 그런 거 아니면 진짜 각오해."

"그래, 확인해. 각오해야 할 사람이 누군데 그래. 흥!"

서하, 서윤이는 무슨 일일까 궁금해하며 집으로 갔어.

다음 날 점심 시간에 서윤이가 급하게 서하를 찾아왔어.

"야, 정서하. 빨리 나와 봐. 저기 어제 걔네들……. 헥헥."

"뭔데 호들갑이야?"

말은 심드렁하게 했지만 서하가 몸을 일으키며 서윤이를 따라갔어. 복도 끝에 어제 학원에서 봤던 연우랑 지혜, 그리고 이번엔 민서까지 같이 있었지.

"오민서, 너 말 똑바로 해. 내가 너한테 지혜가 시험 보면 다 틀린다고 했어?"

연우가 민서한테 사실을 확인하려는 거 같았어.

"아니, 연우가 아니고 지유가 그렇게 말했어, 나한테."

연우가 다그치자 민서는 이번에는 지유가 그랬다고 했어. 지혜는 황당하다는 표정이었지.

"어제는 연우라더니, 뭐야 오민서! 너 둘러대는 거지?"

지혜는 믿지 못하겠다는 듯이 민서한테 따지고 들었어.

"아니, 맞아. 지유가 나한테 그랬어. 연우가 자기한테 '지혜는 학원까지 다니면서 그렇게 많이 틀리는 거 보면 애가 좀 멍청한 거 아닐까?' 그랬다고. 그러고는 '그런데 연우도 웃기지 않아? 학원 다니면 다 백점 맞아야 돼?'라고 했다니까."

"지유가 그런 말을 했다고?"

연우는 의심스러웠어.

"야, 너희들 내 말 못 믿겠냐? 요즘 내가 같이 학원 다니면서 보니까, 지유 걔 장난 아니야."

민서는 지유가 없는 말을 만들어서 퍼뜨린다고 주장했어. 계단 위에서 엿듣던 서하, 서윤이가 서로 눈을 마주쳤어. 둘 다 서로 말은 안 해도 '지유가?' 하는 마음이었지. 지유는 서하, 서윤이랑 같이 반이거든.

그러고는 그 다음 쉬는 시간에 민서가 지유를 찾아왔어.

"지유야, 이따 학교 끝나고 같이 가자. 알았지? 내가 너희 반 앞으로 올게. 기다려."

'엄청 친한 척하네? 아까는 지유를 안 좋게 말하더니.'

서윤이는 이렇게 생각하며 조금 미심쩍었지만 모른 척했지.

　그러고 한 달 뒤, 학교가 발칵 뒤집힐 만한 일이 일어났어. 민서와 연우, 지혜 셋이서 한 달이 넘도록 지유를 괴롭혔다는 거야. '1년 동안 종처럼 친구들이 시키는 일을 하겠다'고 억지로 각서를 쓰게 하고 또 다른 친구들한테도 지유를 무시하라고 했어. 지유가 지나 갈 때,

　"야, 고개 숙여서 인사해야지, 뭐 해?"

하질 않나. 학원 갈 때면,

　"나 어깨 아파서 그런데 가방 좀 들어 주라."

하면서 지유한테 가방 여러 개를 들게 했어. 처음엔 다른 아이들도 좀 이상하다 생각했지만 크게 신경 쓰지 않았어.

하루는 지유 혼자 가방을 여러 개 들고 가는 모습을 본 어떤 엄마가 학교에 신고하면서 이 일이 알려지게 된 거야. 곧 학교폭력위원회가 열렸고, 민서, 연우, 지혜가 저지른 잘못을 밝히는 중이었어. 부모님들한테까지 소문이 쫙 퍼져서 학교 안팎으로 뒤숭숭했지.

서하, 서윤이가 집에 가자마자 엄마가 둘을 불러 앉혔어.

"너희들, 얘기 들었지? 전혀 몰랐니?"

"사실 처음에 학원에서 지혜랑 연우가 싸우는 걸 봤는데, 갑자기 지유가 따돌림을 당하길래 뭔 일이지 하긴 했어요."

서윤이가 머뭇거리며 대답했어.

"그럼 보고도 모른 척한 거야? 걱정이다. 그런 일이 있으면 선생님이나 어른들한테 알렸어야지. 너희랑 상관없는 일이라고 모른 척하니?"

"죄송해요. 애들이 그냥 장난으로 그러는 줄 알았어요."

"학교 폭력 가해자들이 가장 많이 하는 얘기가 '친구끼리 장난으로 그랬다'야. 하지만 법에서 따질 때는 장난이냐 아니냐는 중요하지 않아. 피해자와 가해자, 가해 행동이 있을 뿐이야. 다른 사람을 아프게 하고선 '장난이었어'라고 하면 되겠니. 게다가 피해자는 평생 마음의 상처를 안고 살아갈 수도 있어."

"그렇지만 무슨 일이 벌어지는지 우리가 자세히 알기는 너무 어려웠어요. 옆에서 누가 간섭하고 끼어들 상황이 아니었다니까요."

"맞아요. 서하 말처럼 괜히 끼어들었다가 우리도 피해자가 되면 어떡해요."

서윤이도 맞장구를 쳤어. 서윤이와 서하는 스스로는 가해자가 될 일은 없을 거라고 생각했지만 웬일인지 남 얘기 같지가 않았어. 학교에서 친구들 사이에 조금씩 따돌리고 무시하는 일은 흔하니까 말이야. 특히나 오늘은 지유를 생각하니 더더욱 그랬지.

학교 폭력 예방에 관한 법률

 학교나 학교 밖에서 학생을 대상으로 일어나는 폭력을 다루는 법률이에요. 친구를 괴롭히거나 폭력을 휘두르는 행위뿐 아니라, 반복해서 놀리거나 무시하는 것도 모두 학교 폭력이에요. 누군가를 때리거나 가두거나, 위협하고 공포심을 느끼게 하는 것, 자기 말을 듣도록 하여 자유를 빼앗는 것, 경멸하거나 감정을 상하게 하는 것, 협박하여 돈을 뜯거나 따돌리는 것도 모두 학교 폭력이에요.

 ### 친구를 괴롭히고 때렸다면?

누군가를 괴롭히고 때렸다면 폭행죄를 저지른 것입니다. 이때 직접 때리지는 않았지만 옆에서 같이 웃고 욕하며 따돌림 당하는 학생에게 겁을 준 것도 마찬가지로 폭행죄예요.

 ### 겁을 주고 협박하면?

때리지 않았지만 겁을 주고 협박해서 돈이나 물건을 빼앗아도 협박죄예요. 여러 학생이 무리를 만들어 한 명을 겁주는 경우, 옆에서 아무런 말도 하지 않았다고 해도 그 자리에 같이 있었다면 범죄에 가담한 것입니다.

 ### '그림자'처럼 대하는 것도?

'ㅇㅇ이가 오면 모른 척하고, 하루 종일 말도 걸지 말자'고 하며 '그림자'처럼 대하는 것도 학교 폭력이에요. 이런 따돌림은 눈에 잘 띄지 않아서 괜찮다고 생각할 수도 있지만 당하는 사람한테는 큰 상처를 입힐 수 있어요.

 ### 일부러 나쁜 소문을 퍼뜨리면?

누군가에 대해 일부러 나쁜 소문을 퍼뜨려서 주변 학생이나 교사가 그 아이에 대해 안 좋은 생각을 하게 만들면 그것도 집단 따돌림이자 학교 폭력입니다.

 ### 정신적으로 고통을 주는 행동은?

다른 사람의 가정 형편, 부모님의 국적, 장애, 학교 성적, 옷차림이나 외모 등을 이유로 놀리거나 약점을 잡아 정신적으로 고통을 주는 행동도 범죄예요.

 ### SNS에서 나쁜 소문을 퍼뜨리면?

카카오톡이나 페이스북, 인스타그램, 커뮤니티 같은 SNS에서 누군가에 대해 나쁜 소문을 퍼뜨리고, 앞으로 그 학생을 어떻게 대할 것인지 서로 의견을 나누는 것도 집단 따돌림이에요.

병원비만 물어 주면 돼요?

"엄마 저 앞으로 아파트 놀이터에서 축구 안 할래요."

다급하게 집으로 들어오는 서윤이 얼굴이 파랗게 질렸어.

"듣던 중 반가운 소리다. 엄마가 축구는 학교 운동장이나 축구장에 가서 하랬지? 놀이터에서 하면 위험하다고."

"지금 큰일 났어요. 왕세찬 있죠? 제 친구 중에 걔가 킥이 젤 세거든요. 근데 걔가 사고 쳤어요. 완전 큰 사고."

서윤이는 정신없이 '큰 사고'를 설명했어.

"놀이터에서 축구 하다가 3학년 애가 좀 까불었는데, 왕세찬

이 그게 기분이 나빴나 봐요. 그래서 프리킥 할 때 그 애 쪽으로 공을 세게 찬 거예요. 그 애가 공을 피하려다 넘어지면서 하필 앞니를 정통으로 바닥에 부딪히는 바람에 이 두 개가 깨졌어요. 영구치라던데. 애는 울고불고 난리 나고, 걔 엄마가 와서 급하게 병원 데리고 갔어요. 다들 축구 할 기분이 아니어서 그냥 집으로 온 거예요."

"세찬이는? 세찬이도 집에 갔어? 그거 치료비 많이 들 텐데……. 영구치가 상하면 어떡하니?"

엄마는 마치 세찬이 엄마라도 되는 듯 걱정이 한 가득이야.

"세찬이도 다친 애가 병원 가는 거 보고 놀랐는지 울면서 집에 갔어요."

서윤이 말에 엄마는 한숨을 푹푹 쉬었어.

"아휴, 치료가 잘 안 되면 어떡하니. 정말 세찬이는 정신이 있는 거야? 사람한테 일부러 공을 차는 게, 말이 돼?"

엄마가 하도 걱정을 하니까 서윤이도 걱정이 됐어. 다친 아이도 걱정이지만, 사실 서윤이는 친구인 세찬이가 더 걱정되었지.

"엄마, 그럼 세찬이는 이제 어떻게 되는 거예요? 벌받아야 하는 거예요?"

엄마 아빠가 동시에 서로 얼굴을 마주 보았어. '얘가 뭔 소리를 하는 거야?' 하는 표정이었지.

"잘못했으면 벌을 받아야지."

"엄마, 세찬이도 아마 반성하고 있을 거예요. 어떻게 되는 건가 엄청 걱정하고 있을 텐데……."

서윤이야말로 이번엔 마치 자기가 세찬이인양 걱정스런 얼굴이었어.

"세찬이 부모님이 치료비 배상해 주시겠지. 친구라고 걱정되는구나."

아빠가 서윤이를 위로하듯 말했어.

"치료비만 물어 주면 되는 거예요?"

"만약 영구치가 부러지기라도 했으면 그 애는 평생 앞니 두 개를 가짜 이로 살아야 될 수도 있으니까 그에 대한 위로금 같은 것도 줘야 하지 않을까?"

"아……. 근데 세찬이네 돈 없으면 어떡해요?"

"응? 글쎄 돈이 어느 정도 들지는 모르겠네."

"요즘 엄마 아빠가 돈 없어서 맨날 집에서 싸운다고 세찬이가 그랬는데……."

서윤이가 말끝을 흐렸어.

"아, 저기 시장 앞에서 가게 하는 세찬이? 그 집 애구나."

엄마가 이제야 누군지 알겠다는 듯 무릎을 쳤어.

"거기 가게 앞으로 도로가 새로 난다고 하더라고. 그래서 건물을 철거해야 되는데, 당장 먹고살 일이 걱정이지. 세찬이 태어나기도 전부터 거기서 장사하고 자리 잡았는데 하루아침에 가게를 빼고 다른 데로 가야 되니 말이야."

"가게 앞에 도로가 나면 보상받으니까 좋은 거 아니야?"

아빠가 끼어들었어.

"아유, 당신도 참. 보상은 건물 주인이 많이 받겠지. 세찬이네는 생활 터전을 잃는 건데 그걸로 되겠어?"

"보상도 제대로 못 받는데, 이 부러진 애한테 배상까지 해 줘야 되고……. 세찬이 부모님도 많이 속상하겠다."

"아니, 그러게 세찬이 걔는 아무리 동생이 까분다고 보복을 하니. 아직 어려서 처벌은 안 받겠지만 다른 사람을 다치게 해서는 안 돼. 그리고 어리다 하더라도 손해 배상은 해야 해. 서윤이 너도 장난으로라도 그러지 마."

엄마가 엄한 얼굴로 서윤이를 보며 말했어.

"걱정 마세요. 저는 놀면서 절대로 위험한 행동이나 남을 골탕 먹이려는 짓은 안 할게요. 그럼 저는 이만 씻고 좀 쉴게요."

서윤이는 얼른 화장실로 들어갔어. 잔소리에서는 벗어났지만 여전히 걱정되었지. 다친 아이가 제발 잘 치료되기를 바랄 뿐이었어.

손해

물질적으로나 정신적으로 밑진 걸 손해라고 해요. 이를테면 길을 가다 목줄을 하지 않은 개한테 물렸다고 해 봅시다. 개한테 물린 치료비는 물질적 손해예요. 그런데 그 일로 인해 개에 대한 공포심, 불안 때문에 밖에 나가는 걸 두려워하게 되었다면 그건 정신적 손해예요.

배상

국가나 다른 사람이 법을 어겨서 손해를 입으면 그 손해를 배상받을 수 있어요. 이를테면 살인을 저지르지 않은 사람을 살인자로 오해해서 경찰이 그 사람을 구속했다고 해 봅시다. 그런데 나중에 진짜 범인이 잡히게 된 거예요. 그러면 죄 없이 피해를 본 사람은 어떻게 해야 할까요? 국가로부터 배상을 받아야 해요. 세찬이 경우처럼 개인과 개인 사이도 손해를 끼쳤다면 마찬가지로 배상해 주어야 해요.

보상

　국가나 다른 사람이 법을 어기지 않았더라도, 누군가에게 손해를 끼치는 일이 생길 수 있어요. 이럴 때는 잘못한 사람이 없어도, 손해를 본 사람이 억울하지 않도록 보상을 해 주어야 해요.

　세찬이네가 운영하는 가게 건물을 허물고 새 도로를 놓는다고 하면 국가가 법을 어긴 건 아니지만, 이 때문에 세찬이네와 건물 주인은 손해를 입었지요.

　국가는 공공의 필요 때문에 일을 한 것이지만, 개인에게 끼친 손해를 그 사람이 혼자 떠안지 않도록 일정한 보상을 해 줘야 해요. 누구의 잘못도 아닌 정당한 절차로 생긴 피해에 대해서는 '정당한 보상'을 받는 것이 공정한 사회예요.

형이 가져가서 놀고 다시 돌려줄게

학교에서 돌아온 서윤이가 팽이를 씽씽 돌리고 있어. 서하가 보니까 처음 보는 팽이야.

"너 숙제 다 했어? 그건 어디서 난 거냐?"

"아, 이거 탑블레이드 피닉스야!"

서윤이가 팽이를 들어서 서하한테 보여 주며 말했어.

"그거 전에 마트 갔을 때 엄마한테 사 달라고 졸랐던 거 아냐? 사만 원도 넘어서 엄마가 안 사 줬는데, 어디서 났어?"

기억력 좋은 서하는 그 팽이를 기억하고 있었어.

"놀이터에서 만난 애가 빌려줬어. 이거 완전 최신이다. 예전에 갖고 놀던 불빛 반짝반짝 하던 팽이랑은 수준이 달라. 돌다가 가만히 두면 평평한 데에선 완전 정지한 것처럼 보이지?"

팽이를 설명하는 서윤이 표정이 아주 해맑았어.

"야, 너 그거 언제 돌려줄 거야?"

"가지고 놀다가 내일쯤 돌려주려고 하는데?"

팽이를 조립했다 풀었다 하면서 팽이의 전투력에 대해 한참

설명하고 있을 때였어. 엄마가 나타났지.

"얘들아, 내일 할아버지 댁에 가는 거 알지? 숙제는 미리미리 다 해 놓고."

잔소리를 시작하던 엄마의 시선이 팽이에 가서 꽂혔어.

"이거 어디서 났어? 못 보던 건데?"

"엄마, 서윤이가 놀이터에서 만난 애한테 빌려 왔대요. 내일 갖다준다는데, 우리 내일 할아버지 댁 가는데 어떡해요?"

서하는 팽이가 돌 듯 입을 빠르게 움직였어.

"정서윤, 너 저거 누구 거야?"

"놀이터에서 같이 놀던 동생인데, 제가 잠깐 갖고 놀아도 되냐고 했더니 '응'이라고 했어요. 그러고는 금세 집에 간다길래, 제가 '형이 가져가서 놀고 갖다줘도 되냐'고 했더니 그때도 '응'이라고 했어요."

"그 애가 너보다 한참 어린 애지? 으이구, 못살겠다."

엄마가 답답하다는 듯이 가슴을 치며 말했어.

"왜요, 엄마? 제가 뭐 잘못이라도 했어요?"

"네가 이렇게 잘못이 뭔지도 모르고 해맑아서 엄마 가슴이

답답하다는 거야. 서윤아, 남의 물건을 억지로 빼앗는 게 범죄인 건 알지? 네가 저 팽이 빌려 달라고 했을 때, 그 꼬마는 싫은데도 네가 형이니까 어쩔 수 없이 줬을 수도 있어."

"아니에요, 막 겁주면서 내놓으라고 한 게 아니라니까요."

서윤이가 억울하다는 듯 엄마한테 항변했어.

"그 애가 어디 사는지도 모르는데 어떻게 돌려줄 거야? 자기 이익을 위해 다른 사람한테 손해를 끼치면 그게 사기야."

"엄마, 너무해요. 저 사기 친 거 아니고, 돌려줄 거예요."

서윤이가 얼굴이 벌개져서 큰 소리로 말했어.

"팽이 주인이 너보다 어린애였으면 그 애는 너를 무섭게 보았을 수도 있어. 너는 그럴 생각이 아니었다 하더라도 말이야."

"엄마, 저는 그런 나쁜 짓을 하는 사람이 아니라고요! 자꾸 왜 그러세요?"

"그게 장난감이 아니고 돈이었으면 어떨 거 같아? 나중에 주인 찾다가 못 돌려주면 그냥 네가 가질 거 아니야? 남의 물건을 함부로 가져오면 안 된다는 얘기를 하는 거야."

엄마 말을 듣는 서윤이 얼굴이 벌겋게 달아올랐어.

"엄마, 얼마 전에 엘리베이터에서 지갑 주인을 찾는 종이 붙은 거 봤는데, 서윤이한테 그걸 만들어서 아파트 관리사무소에 갖다주라고 하면 어때요?"

서윤이가 우물쭈물하는 사이에 서하가 끼어들었어.

"그건 그렇고. 그 팽이 그만 가지고 놀아! 가지고 놀다가 고장 나거나 망가지면 그건 재물손괴죄야. 엄마가 물어 줘야 된다고, 알겠어?"

엄마 목소리에 힘이 잔뜩 들어 있었어.

"네."

서윤이가 슬며시 꼬리를 내리고는 시무룩하게 말했어.

"너희들, 친구들끼리 돈이나 물건을 빌려주거나 그러면 안 돼. 연필 같은 건 빌려줘도 되지만, 아끼는 물건, 비싼 장난감 같은 건 서로 빌려주지도 빌리지도 말아야 해. 특히 돈을 빌려주거나 빌려야 할 때에는 반드시 선생님이나 부모님한테 허락을 받아야 하고."

"알았어요, 엄마. 앞으로 돈이고 물건이고 안 빌려 올게요. 이건 다음 주말까지 그 애를 못 만나면 전단지 만들어서 엘리베

이터에 붙일게요. 고장 내지도 않을 테니까 걱정 마세요. 가지고 놀고 싶은 마음이 딱 사라졌어요."

서윤이가 조금 불퉁거리며 말했지만, 그래도 잘못했다는 걸 살짝 깨닫기는 했지.

공갈과 강도

다른 사람을 협박해서 무서운 마음이 들게 하고, 그 사람에게서 돈이나 재산을 빼앗으면 공갈죄예요. 어떤 사람이 몽둥이를 들고 "맞기 싫으면 내가 시키는 대로 해!"라고 협박해 일을 시켜서 피해자가 두려움 때문에 어쩔 수 없이 일을 했다면, 공갈죄에 해당해요.

반면 "당장 돈 안 주면 때릴 거야!"라고 하면서 몽둥이를 휘두르는 것처럼 매우 무서운 상황에서 돈이나 물건을 빼앗는 경우는 '강도'예요.

재물손괴

다른 사람의 물건이나 문서를 망가뜨리거나, 겉보기에는 멀쩡해 보여도 제대로 쓸 수 없게 만드는 일을 '손괴'라고 해요. 꼭 물건을 부수지 않았더라도, 일부러 제 기능을 못 하게 만들면 손괴죄가 될 수 있어요. 이를테면 법원의 판결에 따라 설치된 철조망이나 경고판을 어떤 사람이 일부러 뽑아 버리거나 치워 버렸다면, 철조망이 찢기거나 부서지지 않았더라도, 원래 목적대로 쓰지 못하게 된 것이기 때문에 '재물손괴죄'에 해당해요.

진짜 그런 세상이 있었다고요?

"서하야, 우리 틴트 살래? 이거 내 용돈으로도 살 수 있어."

"와, 나도 살까? 이것만 발라도 진짜 예뻐 보이더라."

서하랑 유리는 블루베리영에서 틴트를 들었다 놨다 하며 구경하다 서로 마음에 드는 걸 하나씩 사서 나왔어. 화장품 같은 건 처음 사 보는 거라 재밌기도 하고, 엄마가 했던 말이 떠올라 왠지 죄를 짓는 거 같기도 했어.

"싼 화장품을 아무거나 쓰면 색소가 많아서 어린이들 피부에 안 좋아. 게다가 몸에 좋지 않은 성분이 들어 있을 수도 있어.

그러니까 되도록 화장은 나중에 하면 좋고, 정 하고 싶으면 엄마가 사 주는 걸로 해야 돼!"

엄마 말이 귓가에 맴돌았지. 하지만 한편으로는 틴트를 바르면 어떨까, 얼른 발라 보고 싶기도 했어.

그날 저녁, 밥 먹으려고 식탁에 앉을 때였지.

"서하가 오늘따라 좀 달라 보이네?"

아빠가 먼저 알아봤어. 아까 집에 와서 틴트를 발라 보고 휴지로 닦았는데 티가 나나 싶었지.

"다르긴 뭐가 달라 보여?"

엄마가 서하를 봤어. 서하는 속으로 움찔했지. 엄마는 뭐든 잘 알아보는 귀신이거든.

"서하! 너 뭐 발랐지? 엄마가 사 준 적이 없는데, 어디서 났어?"

엄마가 다그쳤어.

"사실 오늘 학교 끝나고 유리랑 블루베리영 들러서 틴트 샀어요. 유리도 사고 나도 사고. 집에 와서 발라 보고 닦았는데……."

"어휴, 초등학생은 17%, 중고등학생은 36%가 날마다 화장을 한다더니 우리 서하가 이렇게 빨리 화장에 눈을 뜨는 것도 이상한 일은 아니긴 하다. 엄마 아빠 어릴 때는 상상도 못 하던 일이야. 학교 규율이 얼마나 엄격했는데."

엄마가 한숨을 쉬며 말했어.

"어떤 규율이 있었어요, 엄마?"

서윤이가 물었어.

"너희들이 들으면 진짜 깜짝 놀랄 거야. 먼저 머리에 파마나 염색 같은 건 할 수 없었고 길게 기르지 못하게 하는 학교도 있었어."

엄마가 상상이 되냐는 표정을 지으며 서하, 서윤이를 봤어.

"신발도 화려한 건 못 신고, 구두는 장식 없는 검정색만 신을 수 있었어. 그뿐인 줄 알아? 교복 안에 다른 옷을 껴 입는 건 상상도 못 했어. 추운 겨울에도 규정에 맞는 흰색, 검은색 목티 셔츠만 입어야 했다니까. 얼마나 추웠는데, 어휴."

잔소리를 하려던 엄마가 옛날 이야기를 하면서 열을 올렸어. 서하는 관심이 다른 데로 가서 '휴, 다행이다.' 싶었지.

"말도 안 돼요. 진짜 그런 세상이 있었다고요?"

이번에는 아빠가 말을 이어 갔어.

"그 정도는 아주 일부분인데? 고등학생이면 야간 자율 학습이라는 걸 했어. 이름은 '자율'이지만 진짜 자율은 아니었어. 자율 학습에 빠지려면 부모님 허락을 받아서 그 사유서를 내야 했거든. 또 선생님들한테 맞기도 많이 맞았지. 복도에서 뛴다고 맞고, 시험 점수가 낮다고 맞고, 준비물 안 가져왔다고 맞

고. 그 당시 아이들한테는 인권이라는 게 없었던 거 같아. 자기 신체에 대한 자유, 사생활의 자유, 휴식할 권리 같은 게 보장되지 않던 때였어."

서하, 서윤이는 놀라서 입이 떡 벌어졌어. 선생님한테 맞는다는 게 상상이 안 되었거든.

"그런데 어떻게 해서 지금처럼 바뀌게 된 거예요?"

"예전에는 어른들이 아이들의 자율권을 통제할 수 있다고 여겼어. 그런데 점차 사람들 생각이 바뀌면서 아이들한테도 존중받을 권리가 있다는 인식이 생겨났지. 그러면서 학교에서 학생 인권을 보장받을 수 있도록 법을 만들었어. 그게 '학생인권조례*'야. 학생인권조례에는 학생에 대한 체벌이나 야간 자율 학습 같은 강제 학습, 머리 길이나 복장에 대한 규제를 할 수 없도록 했어. 그래서 요즘 애들이 화장을 하고 다녀도 학교에선 막을 수가 없는 거지."

엄마가 말했어.

"학생인권조례 덕분에 너희들이 학교에서 선생님한테 존중받

*조례 : 지방 자치 단체가 법령의 범위 안에서 지방 의회의 의결을 거쳐 제정하는 자치 입법으로, 그 지방에서만 적용하는 법.

으며 지낼 수 있는 거야. 예전에는 선생님 말에 권위가 있었거든. 엄마 아빠 학교 다닐 때만 하더라도 말이야. 그런데 요즘 학교 현장에 있는 선생님들 말을 들어 보면 아이들이 학생인권조례를 빌미로 무서운 게 없어졌다는 말이 많아. 학생인권조례 덕분에 학생들 인권 의식이 높아진 게 아니라 도구로 쓰고 있는 거지. 학생 인권이 무시되던 때로 돌아가는 게 답은 아니겠지만, 교육을 책임지는 선생님들의 권리도 보장받아야 하는데, 알맞은 선을 찾는 게 앞으로 해야 할 일이야."

아빠가 말했어.

"그러게 말이야. 선생님과 학생, 어느 권리가 먼저라고 할 수 없으니, 앞으로 변화가 필요하긴 할 거 같아."

엄마도 걱정스레 말했어. 서하가 사 온 틴트에서 시작된 대화가 씁쓸하게 마무리되었지만, 덕분에 학생 인권과 선생님의 교권에 대해 생각해 볼 수 있었지.

학생인권조례

　학교 교육과정에서 학생들이 인권을 보장받을 수 있도록 제정한 법률이에요. 16개 시도 교육청마다 따로 만들었고, 그 지역에서만 적용이 돼요. 가장 처음 학생인권조례를 시행한 곳은 경기도(2010년 10월 5일)예요. 그다음이 광주광역시(2011년 10월 5일), 이어서 서울시(2012년 1월 26일)에서 차례로 학생인권조례를 만들었어요.

　학교는 해당 교육청에서 공포한 학생인권조례에 따라 학교를 운영해요. 학생인권조례를 통해 학생들은 인간의 존엄성을 인정받으며 자유롭고 행복하게 살 권리를 실현하게 된 거예요. 교육청마다 조금씩 차이는 있지만 담고 있는 내용은 거의 비슷해요.

 ### 차별받지 않을 권리

종교나 인종, 성적 취향, 임신이나 출산 등을 까닭으로 차별받지 않을 권리예요.

 ### 물리적, 언어적 폭력으로부터 자유로울 권리

체벌이나 따돌림, 성폭력 같은 모든 물리적, 언어적 폭력으로부터 자유로울 권리를 말해요.

 ### 사생활과 개인 정보를 보호받을 권리

가방이나 책상 서랍을 감시하는 것, 학생의 성적이나 건강 상태를 공개하는 것, 모두 권리를 침해하는 행위예요.

 ### 신체의 자유를 누릴 권리

머리 모양이나 옷, 신발 등을 강제로 바꾸게 하는 것이나 오래 세워 두는 벌도 금지예요.

 ### 양심과 종교의 자유, 표현의 자유

특정 종교를 강요받지 않을 권리예요. 자기 생각을 글과 그림으로 표현해도 혼나지 않아야 해요.

 ### 학생자치 활동 보장

서울 학생인권조례에서 처음으로 '집회의 자유'(제 17조 학생은 집회의 자유를 가진다)를 보장하는 조항을 두었어요. 서울시 학생들은 학교 밖뿐 아니라 교실이나 운동장 등 학내에서도 집회를 열 수 있어요.

선생님을 괴롭혔다고?

집에 들어서는 서윤이 얼굴 한쪽이 붉게 긁혀 있었어.

"너 누구랑 싸웠어? 얼굴이 왜 이렇게 됐어?"

엄마는 이제 힘이 부쩍 오른 서윤이가 감정을 조절하지 못해서 친구와 싸운 것은 아닌지 걱정이 되었어.

"엄마, 서윤이가 싸운 게 아니고요. 말리다가 긁혔어요."

"키 크고 힘도 센 병태가 약하고 마른 양수의 고추를 만지려고 계속 쫓아다녔어요. 양수는 그걸 피하며 도망치다가 병태한테 잡히려는 순간에 병태 손을 뿌리치며 도망쳤고, 양수가 뿌

리치느라 병태를 밀쳐서 병태가 책상 모서리에 머리를 부딪쳤어요. 순간 아파하는 병태한테 양수가 '많이 아파?' 하고 물었는데, 갑자기 병태가 양수한테 주먹을 날리고 발로 차며 양수를 때렸단 말이죠."

서하 말을 듣던 엄마가 연신 "어머? 어머?"를 내뱉었어.

"바로 그 옆에 서윤이가 있었거든요. 서윤이가 병태를 껴안으며 그만하라고 하는데, 병태가 서윤이를 뿌리치며 손으로 얼굴을 밀다가 긁힌 거예요."

서하의 중계방송은 계속 이어졌어.

"더 문제는 병태가 양수한테 주먹질을 하는 순간 선생님이 들어오신 거예요. 선생님이 '병태 그만둬!'라고 여러 번 말씀하셨는데도, 병태는 미친 듯이 양수를 때렸어요. 말로 해서는 안 들으니까 선생님이 급하게 달려와서 병태 어깨를 붙들고 둘을 떼어 냈죠. 그런데 병태는 선생님한테도 대들려고 식식대는 거예요. 병태는 완전 미친개 같았어요."

"아니, 무슨 애가 그렇게 폭력적이라니……. 잘못은 자기가 했으면서? 선생님이 말리는 것도 못 듣고 완전 이성을 잃었군!"

엄마는 마치 양수 엄마처럼 화를 냈어.

"엄마 놀라지 마세요. 더 문제는 제가 방과후 수업 듣고 교실에 갔더니 선생님이 쩔쩔매면서 전화를 받고 계셨어요. 살짝 들기론 '병태 어머니, 죄송해요'였어요."

서하가 전화 통화하는 분위기를 보니 선생님이 싸움을 말리려고 병태 어깨를 꽉 붙들고 흔든 걸로 병태 엄마가 문제를 삼으려는 거였다고 했어.

"뭐야? 가해자 엄마가 선생님을 괴롭혔다고? 그게 사실이야? 내가 내일이라도 학교에 갈까? 우리 서윤이 얼굴을 이렇게 만든 것도 병태니까!"

당장 학교에 달려갈 기세인 엄마를 서하, 서윤이가 겨우 뜯어말렸지.

며칠 뒤, 결국 학교폭력위원회가 열렸고 병태 엄마는 양수 아버지와 합의를 보고 치료비와 합의금을 주고 병태는 주의만 받는 것으로 일이 정리되는 것 같았어. 그런데 병태 엄마는 담임 선생님한테만은 끝까지 물고 늘어지면서 괴롭혔어. 심지어 교장 선생님한테까지 전화를 해서 일을 크게 만들었지. 결국 담임 선생님은 학교폭력위원회에서 병태한테 사과를 하고 '주의' 조치를 받았어.

"엄마, 우리 반 선생님은 결국 정신과 진료까지 받게 되었대요. 병태 엄마는 왜 그렇게까지 난리를 친 걸까요?"

서하는 도저히 이해가 되지 않았어.

"학교폭력위원회에서 심한 경우 병태한테 '전학'을 요구할 수도 있거든. 병태네 엄마가 법을 잘 아니까 그랬을 수도 있고, 자기 눈에는 자기 자식밖에 안 보여서 그럴 수도 있고."

엄마가 한숨을 푹푹 쉬자 서윤이도 한숨을 푹푹 쉬었어.

"우리 선생님은 얼마나 괴로우시면 학교에도 못 나오실까요?"

"선생님이 계속 못 나오면 너희 반 아이들이 힘들 거 같은데."

엄마의 걱정에 서하가 대답했어.

"엄마, 어른들은 우리한테 잘못한 게 있으면, 반성하고 다시는 그러지 말라고 하시잖아요. 그런데, 왜 병태 엄마는 어른이면서 사과와 반성을 안 하는 거죠?"

"서하 말이 맞아요. 병태가 평소에 폭력적이어서 다른 애들이 말리지도 못했잖아요. 저도 처음에 말리다가 그만뒀고요. 지난번엔 선생님이랑 양수 때문에 참았지만, 이번엔 병태 엄마 때문에 못 참겠어요."

조용히 듣고 있던 서윤이가 불쑥 나섰어.

"그리고, 병태도 한동안 잠잠하게 지내더니 요즘에 다시 수업 시간에도 애들 괴롭히고, 반성하는 거 같지 않아요. 엄마, 저도 학교폭력위원회 요청할 수 있죠?"

서윤이 얼굴이 얼마나 붉게 달아올랐는지 서하와 엄마가 깜짝 놀랐어.

"야, 정서윤 너 지금 거울 한번 봐 봐. 얼굴이 완전 홍당무야."

서하 말에도 서윤이는 아랑곳하지 않았어.

"나 지금 정말 화났거든? 병태 엄마가 선생님한테 한 행동,

그냥 넘어가면 안 될 것 같아. 사과하지 않으면, 학교폭력위원회 열어 달라고 할 거야."

엄마는 서윤이가 부당함에 맞서려는 용기를 낸 모습이 대견하면서도 걱정스러웠어.

"그래, 서윤이가 그렇게 느꼈다면 그 마음은 존중해야지. 하지만 학교폭력위원회는 정말 신중하게 요청해야 하는 절차야. 내일 교장 선생님을 만나서, 서윤이가 겪은 일을 차분히 이야기해 보자. 네 생각을 분명히 말하는 건 중요하니까."

"네, 저도 감정만 앞서지 않도록 잘 준비할게요."

서윤이는 무엇이 잘못되었는지 하나하나 설명해야겠다고 다짐했어.

교권 침해

   2023년 7월, 서울의 한 초등학교 교사가 아무도 없는 교실에서 스스로 목숨을 끊은 일이 일어났어요. 숨진 교사는 반 아이들 사이의 갈등이 학부모 민원*으로 이어져 엄청난 시달림을 받았어요.

   이 일을 두고 교육 현장에서는 '곪을 대로 곪은 문제가 터졌다'고 했어요. 그동안 교사들이 학교에서 학생들을 지도하며 벌어지는 작은 갈등도 아동 학대로 치부돼 형사 고소와 고발로 이어지는 경우가 많았기 때문이에요. 이른바 '학부모 갑질'이라고 불리는 일들이에요. 이 일로 10만 명이 넘는 교사가 거리로 나와 '교사의 인권과 교육권을 보장하라'고 구호를 외쳤지요. 이후 교사들의 교육 활동을 보호하고, 보장하는 내용을 담은 '교권 4법' 개정이 이루어졌어요.

*민원 : 주민이 행정 기관에 자기가 원하는 바를 요구하는 일

개인정보보호법 위반

교사의 개인 전화번호를 알아내서 전화와 문자를 끊임없이 보내면 '개인정보보호법' 위반이에요.

협박죄

"선생님 감옥 가게 해 줄까?" "이 동네에서 못 살게 할 거야!" 같은 말로 교사를 협박하고 괴롭히는 행위예요.

모욕죄

"선생 주제에 우리 애를 우습게 봐? 당신 어디 대학 나왔어?" 처럼 욕설이나 상대를 비난하는 말로 교사에게 수치심과 정신적 피해를 주는 행위예요.

명예훼손죄, 업무 방해죄

학교에 찾아와서 수업을 방해하면 업무 방해죄로 신고할 수 있고, 학생들이 보는 앞에서 막말까지 했다면 명예훼손죄예요.

걸리기만 해 봐

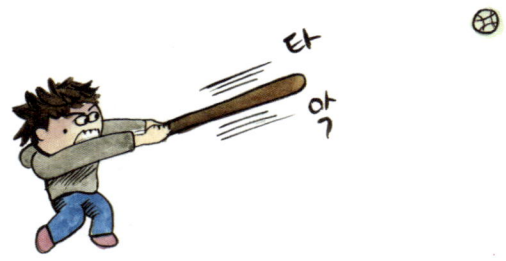

"2교시 체육 시간에 3반이랑 야구 시합합니다."

선생님 말씀에 서하, 서윤이네 반 친구들은 전의에 불타올랐어. 하지만 의욕과는 달리 서하, 서윤이네 반은 5회 말까지 3반한테 5대 2로 뒤지고 있었어. 서하, 서윤이네 반이 공격할 차례였어. 투 아웃, 주자는 1, 2, 3루까지 모두 나가 있는 상황이야. 이번 공격에 성공하면 역전도 노려볼 수 있었지. 반 친구들 사이에는 사뭇 긴장감이 돌았어.

"야, 다음 차례 누구야? 이번에 잘 쳐야 돼."

"정서윤이네, 이번에 잘 치면 이길 수도 있어. 잘해!"

서윤이는 떨리는 마음으로 타석에 섰지. 제대로 못 쳤다가는 반 친구들한테서 온갖 원망이 쏟아질 거 같았거든.

서윤이는 자세를 잡고, 뚫어져라 투수를 봤어. 날아오는 공을 끝까지 본 다음, 탕! 제대로 맞은 것 같은 소리야. 파울은 아닌 게 틀림없었어. 서윤이는 냅다 달렸지.

"우아아아아아아아!"

날아가는 공과 함께 '아' 소리가 길게 이어졌어. 다들 공을 따라 고개를 돌렸지.

"우아! 엄청나다!"

정신없이 달리던 서윤이는 1루에 다다라서야 상황을 알았어. 서윤이가 친 공이 학교 담장을 너머 날아간 거야.

"야, 정서윤! 뭐 해! 빨리 뛰어!"

어리둥절한 표정으로 서 있던 서윤이한테 한 친구가 외쳤어. 1루에서 3루까지 있던 주자들 모두 홈인했고, 서윤이까지 들어가자 반 친구들은 난리가 났어.

"역전이야!"

"정서윤 뭔 일이냐? 홈런도 이런 엄청난 장외 홈런을 치고."

"아, 뭐 이 정도쯤이야. 헤헤."

서윤이가 머리를 긁적이며 어깨를 으쓱했지. 스스로 생각해도 '내 실력이 이렇게 좋았나' 싶었거든. 반 친구들은 모두 흥분해 있는 가운데 선생님만 걱정스러운 얼굴을 하고 있어. 학교 담장으로 가더니 공이 날아간 쪽을 확인하고 있었지.

　아니나 다를까 일이 났지 뭐야. 어떤 아저씨가 야구공을 들고 소리를 지르면서 교문을 지나 운동장 쪽으로 오고 있었어. 멀리서 보는데도 화가 잔뜩 나서 걸어오는 게 느껴졌지. 흥분의 도가니였던 분위기는 순식간에 얼어붙었어.
　"누구야! 어? 누가 공 쳤어! 선생님은 어디 있어! 아무리 체육 시간이어도 조심해야지. 이게 말이나 돼!"

걱정스레 바깥을 살피던 선생님이 서둘러 달려왔어.

"죄송합니다. 다친 데는 없으세요?"

선생님이 정중하게 사과를 했어. 선생님이 사과를 하는데도 아저씨는 분이 풀리지 않는 눈치였어.

"내가 요 앞에서 꽃집을 하는데, 이 공이 날아와서 우리 가게 화분을 다 깨뜨렸어. 그것도 위에 있던 화분에 맞아서 그게 넘어지면서 아래 화분까지 와장창 깨져 버렸다고. 사람이라도 맞았으면 어쩔 뻔 했어. 어?"

"죄송합니다. 많이 놀라셨지요? 주의했어야 했는데, 피해를 드려 죄송합니다. 다치지는 않으셨다니 다행이에요."

"진짜 가만히 있다가 놀라 나자빠지는 줄 알았다고! 어휴, 이거 아직도 심장이 벌렁벌렁하네."

선생님은 연신 고개를 숙이며 사과를 했어. 서윤이는 모처럼 짜릿한 홈런 한 방에 영웅이 된 기분을 느꼈던 것도 잠시, 죄인이 된 것 같았어. 제 잘못 때문에 선생님이 쩔쩔매는 것도 너무 죄송하고 말이야. 반 친구들도 아까는 서윤이를 치켜세우는 것 같더니, 지금은 모두 '너 때문이잖아' 하는 눈초리로 바뀐

것 같았지.

"죄송합니다. 화분값은 변상해 드리겠습니다. 놀라게 해 드려 정말 죄송합니다. 일단 제가 같이 가서 한번 보겠습니다."

선생님은 옆 반 선생님께 아이들을 부탁하고, 아저씨와 함께 자리를 뜨려고 했어.

"누가 그랬는지, 걸리기만 해 봐! 하여튼 조심성이 없어, 요즘 애들은! 다들 집에서 오냐오냐 키워 가지고 말이야."

아저씨는 아이들한테 막말을 퍼부었어. 선생님은 난처한 표정을 지으면서 얼른 아저씨를 끌다시피 모시고 나갔지. 아이들은 터덜터덜 교실로 돌아왔고, 가라앉은 분위기는 쉽사리 살아나지 못했어.

다음 시간에 교실에 들어오는 선생님을 보고서야 아이들은 조금 마음이 놓이는 듯했어.

"아까 아저씨가 너무 심하게 말씀하셔서 너희도 속상했지? 아저씨도 화가 나서 그런 걸 거야. 자, 너무 풀 죽어 있지 말고. 화분 깨진 건 학교에서 모두 처리할 거니까 서윤이도 너무 걱정하지 않아도 돼."

"화분값 제가 안 물어내도 돼요?"

"서윤이가 그것 때문에 걱정했겠구나. 수업하다가 그런 거니까 그건 학교에서 처리할 거야. 엄마한테 말씀드려도 되지만 걱정하시지는 않도록 잘 말씀드려. 그리고 교장 선생님한테 말씀드렸는데, 꽃집 방향으로 안전 펜스를 더 올리기로 했어. 그 정도 높이면 충분할 줄 알았는데, 우리 학교에 이렇게 야구 실력자가 나타날지는 예상을 못 했네."

선생님 말에 그제야 다들 얼굴빛이 밝아졌어. 물론 서윤이 얼굴이 가장 밝았지.

학교안전공제회

　모든 초, 중, 고등학교는 교육 활동이나 학교 시설물 관리와 관련해서 입은 피해를 대신 보상해 주기 위해 학교안전공제중앙회 학교배상책임공제에 가입해요. 사람이 피해를 입으면 인적 사고, 물건 같은 재산의 피해를 입으면 물적 사고라고 해요. 학교와 관련이 없거나 규칙이나 안내를 어긴 사고들은 보상을 받을 수 없어요.

 **보상받을 수 없는 경우**

- 쉬는 시간에 복도에서 달려가는 친구의 다리를 걸어 넘어지게 해서 친구가 다쳤어요.
- 학교 운동장에 '출입 금지' 표시가 있는 곳에 올라가다 떨어졌어요.
- 하교 후 피시방에 가다가 교통사고가 났어요.
- 집에서 가져온 장난감을 가지고 놀다 다쳤어요.
- 체육 시간에 선생님 몰래 높은 곳에서 뛰어내리다가 다쳤어요.
- 하교 후 학원에서 놀다가 다쳤어요.

 **보상받을 수 있는 경우**

- 체육 시간에 공이 학교 바깥으로 날아가 지나가던 할머니가 다쳤어요.
- 학교 운동장에서 운동하던 마을 주민이 허술하게 덮어 놓은 배수구에 빠져 다쳤어요.
- 시설물을 관리하는 기사님이 학교 나무를 다듬다가 다른 사람 차를 파손했어요.
- 선생님이 수업 시간에 가져간 제 휴대전화를 잃어버렸어요.
- 학교 가는 길에 교통사고가 났어요.
- 방과후 수업에서 활동하다가 다쳤어요.
- 학교 수업 중이나 방과후 교실 뿐 아니라 등하교 길에 일어난 사고는 대부분 보상받을 수 있어요.

우리 집 근처에 성폭력범이?

주말 아침, 서윤이 친구 정보통이 놀러왔어. 엄마가 문을 열어 주자 보통이가 우편물을 들고 들어섰어.

"보통이 왔어? 오랜만이네. 우편물까지 가져왔어?"

보통이는 서윤이한테 놀러 오면서 늘 서윤이네 우편함에 꽂혀 있는 우편물까지 가져왔어.

"야, 우리 집 우편물은 네가 가져오는 게 아니란 말이야. 우편물에는 우리 가족의 사생활이 있단 말이지."

서하가 따지자 서윤이가 나섰어.

"서하야, 네가 비밀스럽게 지켜야 할 사생활이 우리 집 우편물에 있는 거였어?"

서하가 서윤이를 흘겨보는 사이 엄마가 우편물을 뜯었어. 근처에 성폭력 전과자가 살고 있다는 안내문이었어.

"어? 저도 저 사람, 아파트 게시판에서 봤는데."

보통이가 손가락으로 우편물에 나온 사진을 가리켰어.

"뭐라고? 성폭력범이 우리 집 근처에 산다고? 어떡해! 이제 난 밖에 안 나갈 거야!"

"너, 그럼 학교도 안 갈 거야."

서하가 겁에 질려서 외쳐자, 서윤이가 말도 안 되는 소리를 한다는 듯 서하를 보았어.

"야, 너는 끔찍하지도 않아? 성폭행범이 우리 옆으로 지나갈 수도 있잖아. 너무 무서워."

서하는 질색을 하며 공포에 질린 표정을 지었어.

"저 사람은 전자발찌를 차고 있어서 감시를 받기 때문에 함부로 또 죄를 짓거나 하진 않을 거야."

"엄마, 얼마 전에 전자발찌 떼어 내고 도망쳐서 성폭력 범죄를 저지른 사람이 뉴스에 나온 거 같이 봤잖아요? 무슨 일이 일어날지 어떻게 알아요."

엄마 말에도 서하는 좀처럼 마음을 놓을 거 같지 않았지.

"문제는 아주 평범한 이웃집 삼촌 같이 생겼다는 거야. 겉모습만 봐서는 성폭행범인지 알 수가 없으니 더 무섭긴 하겠다."

눈치도 없이 정보통이 거들었어. 그

러자 서하는 더 무섭다며 호들갑을 떨었지.

"얘들아, 그렇다고 주변 사람들을 다 성폭행범으로 보고 두려워할 필요는 없어. 평소에 주의할 점들만 미리 알아 두면 안전해."

엄마가 서하를 바라보며 말했어.

"첫째, 집에 혼자 있을 때 누가 찾아오면 문을 열어 주지 않는 게 좋아. 택배나 점검, 설문 조사처럼 모르는 사람은 물론이고, 친척이나 이웃처럼 아는 사람이라도 마찬가지야. 엄마 아빠한테 얘기를 못 들었는데 불쑥 찾아온 어른이라면 더욱 주의를 하고, 나중에 어른들이 있을 때 다시 오라고 해야 해."

"친척도요? 가까운 사람까지 의심해야 해요?"

서하가 고개를 갸우뚱했어.

"생각을 해 봐. 엄마 아빠가 없을 때 친척 어른들이 집에 오는 일이 있었어? 보통은 언제쯤 무슨 일로 올 거라고 엄마 아빠랑 약속을 잡고 와. 이웃들도 마찬가지고."

"아하, 그렇긴 하네요."

"둘째, 되도록 사람이 많이 다니는 큰길로 다니는 게 좋아. 보통 성폭력 범죄자는 혼자 있는 사람을 대상으로 삼거든. 그러니 혼자보다는 여럿이 함께 다니고, 사람이 자주 다니지 않는 길은 피하는 게 좋지. 아무도 없는 놀이터도 위험할 수 있어. 또 외따로 떨어진 공중화장실이나 창고 같은 데도 위험해."

"근데, 어쩔 수 없이 혼자 있을 때는 어떻게 해요?"

"접근해 오는 사람 모두를 성범죄자라고 생각할 필요는 없어. 다만 '어디 좀 같이 가 보자'라거나 '지금 네 엄마가 다쳤으니 같이 병원에 가자', '같이 신기한 거 보러 갈래?' 하는 사람은 일단 피해야지."

"상대는 어른이고 우리는 아직 어린데, 어떻게 피해요?"

집중해서 듣던 보통이가 물었어.

"누가 널 데려오라고 했다면서 어딘가로 같이 가자고 하면, 일단 엄마나 아빠한테 전화해서 확인해 보는 게 좋겠지?"

"아! 맞다. 선생님이 이상한 사람이 접근해 오면 근처에 문을 연 가게 같은 데에 들어가서 도움을 요청하라고 하셨어요."

서윤이가 어깨를 한껏 치켜올리며 의기양양하게 말했어요.

"오! 서윤이가 선생님께서 가르쳐 주신 걸 기억하네? 그렇게

해도 되고, 지나가는 어른한테 '어? 이모, 안녕하세요?'처럼 친근하게 다가가는 것도 재치 있는 방법이지. 그리고 중요한 것은 '싫어요' '안 돼요' '도와주세요'를 크게 외치는 거야. 이것도 학교에서 배웠지?"

　서윤이와 서하, 보통이까지 셋이서 큰 소리로 '싫어요, 안 돼요, 도와주세요'를 외쳤어. 그러고 나서 서로 깔깔대며 웃었지. 지금은 신나는 놀이 같지만, 혼자 있을 때도 잘할 수 있을까?

아동 청소년 성범죄의 처벌

13세 미만 어린이에게 성범죄를 저지른 사람은 무기 징역까지 받을 수 있어요. 특히 13세 미만 아동 성범죄에 대해서는 공소 시효를 두지 않고 있어요. 공소 시효란 어떤 범죄에 대해 일정 기간이 지나면 더 이상 그 범죄에 대한 죄를 묻지 않는다는 거예요. 그러니까 13세 미만 성범죄자는 아무리 오랜 시간이 지나도 처벌할 수 있다는 얘기예요.

이런 성범죄자들의 신상 정보를 '성범죄자 알림e'에서 일정 기간 동안 공개하는 제도가 마련되어 있어요. 이름과 나이, 키, 몸무게, 주민등록상 주소와 실제 사는 곳, 범죄 내용 등을 확인할 수 있어요.

사고 나면 어쩌려고?

"어? 서윤아! 새 공 가져왔네? 이게 그때 말한 그 공이야?"

"어, 아빠가 독일에 출장 갔다가 사 온 거야. 여기 봐라? 분데스리가 공인구야. 여기는 엠보싱 알지? 이렇게 공에 엠보싱이 조금씩 들어가 있으면 공기 저항을 막아 준다고 하더라."

서윤이가 눈을 반짝이며 공을 설명했지. 그때 막 형준이가 왔어. 오늘 반 친구들끼리 모여서 축구를 하기로 했거든.

"빨리 가서 차 보자."

형준이는 서윤이가 들고 있던 공을 툭툭 치며 말했어. 그 바

람에 그만 서윤이 손에서 공이 떨어졌고 찻길로 굴러갔지. 그러자 서윤이는 자기도 모르게 찻길로 뛰어들려고 했어.

"야, 사고 나면 어쩌려고!"

보통이가 재빠르게 서윤이 팔을 세게 잡으며 소리쳤어. 보통이 말이 떨어지자마자 차가 휙 지나갔지. 공은 중앙선을 넘어 반대편으로 굴러갔어.

"차가 와도 공이 터지진 않을 거니까 좀 기다려."

서윤이가 그제야 정신을 차리고 형준이 쪽을 휙 돌아보았어. 형준이도 당황했는지 굳은 얼굴을 하고 있었지.

"형준이 너, 여기서 잘 보고 있어. 만약 공에 문제 생기면 네가 물어내야 해, 알았지?"

서윤이는 보통이와 횡단보도를 건너서 한참을 돌아 공이 있던 곳으로 갔어. 마침 경찰 아저씨가 공을 주워서 들고 있었어.

"이거 너희 거니? 길에서 공놀이하면 안 되지. 공 때문에 교통사고가 났으면 어쩔 뻔했니?"

"죄송합니다. 손에 들고 있었는데 친구가 치는 바람에 떨어져서 굴러갔어요."

서윤이는 말하면서 저 친구 잘못이라는 듯 길 건너를 바라보며 형준이를 찾았지. 형준이가 도망치고 있는 게 보였어.

'뭐야! 형준이 저 녀석, 야비하게 혼날까 봐 도망가는 거야?'

서윤이는 혼자 내빼는 형준이를 보니 어이가 없었지. 서윤이 마음을 알 리 없는 경찰 아저씨가 말을 이었어.

"잘 들어. 축구 할 때도 경기 규칙이 있는 것처럼 도로에서도 교통 규칙이 있어. 서로 안전하고 재미있게 경기를 하려고 만든 게 경기 규칙인 것처럼 말이야. 운전하는 사람들은 길을 걷던 사람이 갑자기 도로에 뛰어들 거라고 생각하지 않아. 갑자기

공이 튀어나올 거라는 생각도 안 하지. 서로 교통 질서를 지킬 거라고 믿고 운전을 한단 말이야. 너희가 인도에서 편안하게 걸어가는 것도 도로를 달리던 차가 갑자기 인도로 돌진하지는 않을 거라는 믿음이 있기 때문이지. 그런데 이렇게 갑자기 공이 튀어나오면 어떻게 되겠니? 이건 운전자와 보행자 사이 믿음을 깨는 행동인 거야. 운전자가 자기도 모르게 공을 피하려다 다른 사고로 이어질 수 있고."

경찰 아저씨는 얘기가 다 끝날 때까지 절대 공을 돌려주지 않으려는 듯 두 손으로 공을 딱 잡고선 눈에 힘을 주며 말했어.

"맞아요. 저도 아까 저도 모르게 길로 뛰어들 뻔했어요."

서윤이는 보통이가 잡지 않았으면 어떻게 됐을까 생각하니 자기를 잡아 준 보통이가 새삼 고마웠지. 한편으로는 얼른 공을 받아서 그 자리를 뜨고 싶었어. 그래서 최대한 경찰 아저씨 말에 호응하며 진심으로 뉘우치는 표정을 지었지. 하지만 경찰 아저씨는 아직 할 말이 더 남은 눈치야.

"교통 법규에는 '신뢰의 원칙'이 있어. 서로가 믿어야 한다는 거지. 신호등이 있는 까닭도 그런 거야. 서로 신호를 지키면 사고가 나지 않을 거라는 믿음. 이 공이 아무리 좋은 공이어도 사람의 생명만큼 소중하진 않아."

경찰 아저씨가 알겠냐는 듯이 서윤이와 보통이를 바라봤어.

"네, 아저씨! 축구 실력은 형편없지만 아주 똑똑한 이 정보통이란 친구가 있어서 오늘 목숨을 지킬 수 있었어요. 앞으로도 명심할게요. 공 주워 주신 것도 고맙습니다."

서윤이가 씩씩하게 대답하자 경찰 아저씨가 공을 건네주었어.

공을 되찾은 서윤이와 보통이는 서둘러 공원 옆 풋살 연습장으로 갔어. '형준이 녀석 걸리기만 해 봐.' 하면서 말이야.

교통 법규 신뢰의 원칙

운전자는 다른 운전자나 보행자도 교통 법규를 지킬 것이라고 믿어요. 만약 다른 사람이 이런 정당한 신뢰를 깨는 행동을 해서 사고가 일어났다면 운전자는 책임을 지지 않을 수 있어요.

 **고속도로(자동차 전용 도로)**

고속도로는 자동차만 다니는 곳이기 때문에 운전자는 도로에 갑자기 사람이 나타날 것을 예상하지 않아도 돼요. 그런데 만약 고속도로에서 안전 속도로 운전하던 차 앞에 갑자기 사람이 뛰어들어 사고가 나면 그 책임을 모두 운전자에게 지우기는 어려워요. 다만 밤이나, 도로 공사, 악천후처럼 특수한 상황이면 운전자도 주의해야 할 의무가 있어요.

 **횡단보도**

횡단보도에서는 고속도로와 반대예요. 횡단보도에서는 지나가는 사람들을 주의 깊게 살펴서 천천히 지나가는 것이 운전자의 의무예요. 사람이 튀어나오면 언제든지 멈출 준비가 되어 있어야 하는 거지요. 보행 신호가 빨간 불로 바뀌었다고 해서 자동차 운전자는 바로 내달리면 안 돼요. 횡단보도에 들어선 사람이 없는지 모든 방향에서 살펴야 하고, 혹시 건너려고 뛰어오는 사람은 없는지도 살펴야 해요.

 ## 육교 아래

교통량이 많은 대도시의 육교 아래를 지나는 운전자는, 보통 보행자들이 육교로 지나갈 거라고 생각할 거예요. 하지만 사람들이 자주 무단횡단을 하는 곳이거나, 보행자가 갑자기 나타날 가능성이 있어 보이는 상황이라면, 운전자도 조심해서 지나가야 해요. 만약 사고가 나면, 운전자가 얼마나 조심했는지, 그 구역이 어떤 환경이었는지에 따라 책임이 달라져요.

 ## 어린이 보호

어린이는 횡단보도가 아니더라도 보호받을 수 있어요. 운전자는 항상 어린이가 돌발 행동을 할 수 있다고 생각하며 운전을 해야 해요. 차가 가고 있는 방향으로 어린아이가 걸어가고 있는 것을 봤다면, 운전자는 그 아이가 차 앞으로 갑자기 튀어나올 수도 있다고 생각하고 미리 주의를 기울여야 해요.

찾아 주면 만 원!

서하가 무얼 찾는지 이 방 저 방 들락거리며 야단이야.

"어디 갔지? 틀림없이 여기다 놔뒀던 거 같은데……."

일요일 오후, 거실에서 느긋하게 텔레비전을 보던 서윤이는 서하를 보고는 쯧쯧 혀를 찼어.

"뭐 찾냐? 내가 찾아 주면 얼마 줄래?"

"야! 네가 숨긴 거 아냐? 장난치지 말고 빨리 내놔라."

"흥, 싫음 말고. 이 오빠 텔레비전 보는데 조용히 좀 해라."

서하는 가만 생각해 보니, 혼자 찾는 것보다 같이 찾는 게 낫

겠다 싶었지.

"그래, 좋아! 대신 10분 안에 찾아야 돼."

서하가 인심 쓰듯 말했어.

"뭘 찾는데? 말만 해."

"동그란 팬던트 달린 목걸이. 생일 선물 받은 거 있잖아."

"아, 그거? 알았어. 찾으면 만 원 주기다."

"일단 찾기나 해."

서하 말이 떨어지기가 무섭게 서윤이가 빠른 속도로 여기저기 돌아다니며 뒤지기 시작했어. 그러더니 금세,

"찾았다!"

하고 외치는 소리가 들려왔어.

"뭐야? 어디서 찾은 거야?"

서하가 손을 내밀며 찾은 곳을 물었지만, 서윤이는 손을 뒤로 빼고 다른 손을 내밀었지.

"찾으면 만 원 준다고 했으니까, 동시에 바꾸자!"

"뭘 만 원이야. 목걸이부터 내놔."

"그래 놓고, 보여 주면 싹 가져가고 돈 안 줄려고? 그러니까

얼른 약속한 돈부터 주셔."

"야! 그 목걸이가 얼만데 찾았다고 만 원을 달라고 하면 너무한 거 아냐?"

둘 사이 신경전이 팽팽했지.

"왜 왜, 뭔데 또 그래?"

때마침 운동하고 돌아온 아빠가 알은체를 했어. 서하랑 서윤이는 서로 자기 입장을 내세웠지.

"어? 그 목걸이 서하 거였어? 화장실 세면대 옆에 있길래 엄마 건 줄 알고 아빠가 화장대 서랍에 넣어 놨는데."

"아빠 때문에 목걸이 잃어버린 줄 알았잖아요. 게다가 서윤이는 자기가 찾았다고 만 원을 달래요. 아빠가 해결하세요!"

"네가 목걸이 찾아 주면 만 원 준다며. 아빠가 엄마 물건일 것으로 착각하고 화장대에 넣었을 거라는 추리를 너는 못하고, 나는 한 거지. 그러니까 약속이나 지켜."

"엄마가 화장대 열어 봤으면 '서하 거네.' 하면서 그냥 돌려주셨을 텐데, 그렇다고 만 원을 달라는 건 너무한 거지. 그 목걸이가 만오천 원짜리인데. 게다가 내가 잃어버린 것도 아니고,

난 그냥 세면대에 올려놨는데 그게 없어졌을 뿐이라고."

둘이 팽팽하게 맞서자 아빠가 나섰어.

"서하는 크게 잘못한 게 없긴 하지만, 목걸이를 아무렇게나 뒀으니 책임이 아예 없다고 할 수는 없고, 서윤이는 열심히 찾았지만 만 원을 받을 정도는 아니라고 보는데, 아빠도 누구 건지 확인하지 않은 책임이 있으니 아빠가 서윤이한테 천오백 원, 서하가 서윤이한테 천오백 원을 주면 어떨까? 원래 잃어버린 물건 찾아 주는 대가로 물건 값어치의 5~20%를 주니까, 만오천 원의 20%인 삼천 원이면 최고로 쳐준 거지."

아빠는 정리가 깔끔하지 않냐는 듯 서하, 서윤이를 봤어. 그런데 서윤이 아직도 뭔가 썩 내키지 않는 표정이야.

"아빠! 원래 약속은 지켜야 하잖아요. 서하랑 저랑 맺은 게 계약 아니에요?"

"그래. 말로 했어도 서로 '할 것'의 대가로 '받을 것'을 약속했으면 계약은 이루어진 거라고 봐야지. 그런데 어느 정도는 말이 되는 수준이어야지. 막 아무렇게나 네가 받고 싶은 만큼 불렀다고 해서 그걸 서하가 들어줘야 할 의무는 없어. 누가 들어도 '그 정도면 알맞겠네' 하고 설득이 되어야 맞지 않을까?"

"그건 그렇지만 서하는 고마워하는 마음도 없었단 말이에요."

그러자 이번엔 아빠가 서하를 바라봤어. 서하도 금세 아빠 눈빛을 읽었지.

"아까는 목걸이를 찾을 생각에 그냥 아무렇게나 약속했는데, 네가 너무 쉽게 찾으니까 돈이 아깝더라고. 찾아 줘서 고마워."

그제야 서윤이는 서하한테 목걸이를 건네주었어. 아빠랑 서하한테 천오백 원씩, 모두 삼천 원을 챙기는 것도 잊지 않았지.

유실물법

누군가 잃어버린 물건이나 돈 따위를 '유실물'이라고 해요. 주인이 버린 것을 주웠거나, 남의 물건을 훔친 것은 유실물이 아니에요. 유실물법은 주운 물건을 어떻게 처리하고, 보관할지, 책임은 누가 질지, 그에 따라 발생하는 비용은 누가 낼지, 주인이 나타나지 않을 경우 어떻게 할지 같은 내용을 자세하게 다루어요.

 **택시에 두고 내린 물건**

택시에 지갑을 놓고 내렸다고 해 봅시다. 지갑을 주운 택시 기사가 주운 물건(유실물)을 주인에게 찾아 주지 않고, 중고로 팔아 버렸다면 횡령죄예요. 반대로 주운 지갑을 주인에게 찾아 주었다면, 보상금을 요구할 수 있습니다.

 **보상금의 범위**

유실물법에서는 물건을 찾아 준 사람이 터무니없는 보상금을 요구할 수 없도록 물건값의 5~20% 범위 안에서 보상금을 줄 수 있다고 정했어요. 또한 국가나 지방 자치 단체 같은 공공 기관에는 보상금을 요구할 수 없도록 했지요.

물건을 돌려받는 사람이 보상금을 주지 않으려고 하면 물건을 주운 사람은 법원을 통해 민사 재판을 할 수도 있어요. 택시에 두고 내린 휴대전화나 길 가다 주운 만 원으로 민사 재판을 하지는 않겠지만, 수천만 원짜리 보석 반지를 주웠다면 어떨까요? 애써 값나가는 물건을 찾아 주었는데, 주인이 고마워하지도 않으면 어떨까요? 이럴 때는 재판을 해서라도 대가를 받아 낼 수 있답니다.

누군가 잃어버린 물건이나 돈을 주웠을 때, 가장 좋은 방법은 경찰서에다 맡기는 거예요. 보상금도 경찰이 조정하는 만큼 주거나 받으면 큰 문제가 없어요.

잘못 알고 그런 건데 처벌받아요?

오랜만에 고모네랑 나들이를 가기로 했어.

두 살배기 사촌 동생 윤이는 못 본 사이 말도 많이 늘고, 개구쟁이가 됐지 뭐야. 공원에 사람도 많은 데다 돌아다닐 곳도 많으니 가만히 있질 않아. 어른들은 늘 무슨 할 얘기가 그리 많은지 엉덩이를 대고 앉으면 일어날 생각을 안 해. 자연스레 서하, 서윤이가 윤이를 쫓아다니게 되었지.

"윤아, 거기는 가면 위험해!"

"아유, 또 넘어졌네. 그러게 천천히 가야지."

서하가 윤이 손을 잡자 윤이는 뿌리치고 무작정 내달려. 두 살의 에너지가 보통이 아닌가 봐. 놀이터에서 그네도 태워 주고, 시소도 태워 주고 하다 보니, 서하랑 서윤이는 진이 쏙 빠졌지.

공원에 도착한 뒤로 한번 앉아 보지도 못한 서하, 서윤이는 잠시라도 좀 쉬고 싶었어. 둘이서 윤이 양쪽 손을 잡고 팔 그네를 태워 주며 겨우겨우 어른들이 있는 자리로 돌아왔어.

"아, 고모. 우리 진짜 힘들었어요. 윤이 왜 이렇게 에너지가 넘쳐요?"

"하하, 한창 다른 데 관심도 많고 그럴 때야. 너희도 그랬어. 애썼네, 우리 쌍둥이들. 이제 좀 쉬어."

엄마가 말했어. 서하, 서윤이는 겨우 한숨 돌리며 앉았어.

윤이도 하도 돌아다녀서 지쳤는지 고모 무릎에 앉아서 가만히 음료수를 마셨어. 고모 휴대전화를 만지작거리면서 말이야.

"윤이 전화기 함부로 만져도 되니? 뭐 실행되는 거 아니야?"

아빠가 휴대전화를 뺏으려고 하자, 윤이가 금세라도 울음을 터트릴 거 같은 표정을 지었어.

"아빠! 윤이도 이제 좀 쉬는데 그걸 뺏으면 어떡해요!"

서윤이가 자기도 모르게 버럭 소리를 질렀어. 윤이가 울면 휴식이 깨질 거 같았거든.

"우리 서윤이가 윤이 돌보느라 많이 힘들었나 보네. 응, 오빠, 괜찮아. 어차피 휴대전화 잠겨 있어서 아무것도 실행 못해. 윤이는 아직 비밀번호 못 풀잖아."

윤이는 고모 휴대전화를 만지면서 놀았고, 서하랑 서윤이도 그제야 가져온 간식을 입에 넣고 달콤한 휴식을 즐겼어. 어른들도 이야기를 나누며 한창 하하호호 떠들 때였지.

"어? 119에서 전화가 왔는데?"

고모가 휴대전화를 보더니 깜짝 놀라서 말했어.

"엉? 왜? 무슨 일이야? 얼른 받아 봐."

온 가족이 눈이 동그래져서 고모 입만 보고 바라보았어. 고모는 얼떨떨한 얼굴로 전화를 받았지.

"네, 여보세요? 아, 네 네. 맞아요. 네? 신고가 되었다구요? 아, 아기가 휴대전화를 들고 놀고 있었는데……, 긴급전화로 연결이 되었나 보네요. 어머, 너무 죄송합니다. 네 네. 아무 일 없습니다. 네, 고맙습니다."

전화를 끊은 고모는 윤이를 봤어. 아무것도 모르는 윤이는 휴대전화를 다시 달라며 손을 내밀었지.

"왜 그래? 무슨 일이야?"

"어휴, 정말. 우리 윤이 때문에 못살겠다. 휴대전화 가지고 놀다가 이게, 눌려서 긴급 신고로 연결되었나 봐. 비밀번호는 잠겨 있는데 그런 기능이 있는지 몰랐네. 그래서 119에 신고가 됐

대. 119에서는 아무 말 없이 전화가 끊어지니까 혹시나 감금이나 뭐 그런 일인 줄 알고, 확인 전화를 다시 한 거야. 아무 일 없는 거 맞냐고. 어휴, 안 그래도 바쁘신 분들인데 민폐를 끼쳤네."

"어머 어머, 장난전화인 줄 알았겠네."

"이런 일들이 자주 있다고 하시네. 그래도 혹시나 진짜일 수도 있어서 확인해 보려고 전화 주셨대."

고모는 윤이가 못 만지게 휴대전화를 아예 가방에 넣고는 달아 버렸어.

"얼마 전에 기사에서 보니까 이런 식으로 한 해에 119상황실에 신고되는 건수가 어마어마하게 많다고는 하더라. 물론 그중에는 실수로, 또는 잘못 알고 신고하는 경우도 많대. 그런데 상황실에서는 신고가 들어오면 무조건 현장 출동하거나 확인해야 하니까, 업무 부담이 늘어나는 거지."

아빠가 말했어.

"어? 우리 반 친구 중에는 여름에 방역 차가 지나가서 연기가 자욱한 걸 보고 불이 난 줄 알고 신고한 적 있다던데."

가만히 듣던 서하가 갑자기 생각난 듯 말했어.

"잘못 알고 그런 건데도 처벌받아요?"

서하가 아빠한테 물었어.

"법에서는 허위 신고를 하면 처벌받게 되어 있어. 과태료를 내는 수준이기는 한데 실제로 처벌받는 사람 수는 많지 않대. 너무 과하게 처벌하면 사람들이 진짜 사건 사고를 보고도 신고를 꺼리게 될까 봐, 처벌을 엄격하게 할 수가 없다나 봐."

"허위 신고를 해서 출동했다가 허탕을 쳤는데, 그사이 진짜 화재 신고가 들어와서 출동이 늦어졌다는 기사도 본 적 있어."

하지만 그사이에도 사고를 친 윤이는 해맑기만 해. 이번에는 먹던 음료수 팩을 거꾸로 들고 쭉쭉 짜서 다 쏟아 놓고 헤벌쭉 웃어. 두 살은 진짜 못 말린다니까!

138

공무 집행 방해

경찰관이나 소방관처럼 국민을 위해 일하는 사람들을 공무원이라고 해요. 공무원들이 하는 일을 '공무'라고 하지요. 국민 모두를 위해 일을 한다는 뜻이에요. 그런데 공무원들이 하는 일을 방해하면 어떻게 될까요?

공공을 위해 일하는 사람을 방해하면 법에 따라 처벌받을 수 있어요. 바로 '공무 집행 방해죄'를 적용받는 거예요. 공무를 수행하는 공무원은 하나의 국가 기관으로 여기기 때문이지요.

이를테면 출동하는 경찰차나 소방차, 구급차를 가로막아 못 가게 했다든가, 공무를 수행하는 공무원에게 폭행은 물론이고 폭언이나 욕설을 퍼붓거나, 모욕을 주는 일도 해당돼요. 112나 119에 장난 전화를 거는 일도 공무 집행 방해예요. 허위 신고를 확인하러 출동한 사이에 실제로 긴급한 신고가 들어와서 빠르게 대처할 수 없게 되면 그 피해는 고스란히 국민들에게 돌아가요.

미성년자와 노동

우리나라뿐 아니라 많은 나라들에서 미성년자를 고용하는 것을 법으로 금지하고 있어요. 몸과 마음이 완전히 다 성장하기 않았기 때문에 아동을 보호하고 충분한 교육을 받을 권리를 보장하기 위해서예요.

우리나라는 원칙적으로 만 15세 미만 아동을 고용하는 것은 금지하고 있어요. 하지만 만 13세 이상 15세 미만인 경우, 고용노동부장관의 인가를 받으면 일을 할 수 있어요. 그럼 만 13세 미만인 초등학생은 어떨까요? 일반적인 아르바이트나 근로는 안 되지만 방송 출연이나 영화, 연극 공연에 한해서만 '취직인허가증'을 발급받아 일을 할 수 있어요.

일하는 미성년자도 어른과 똑같은 대우를 받아야 해요

미성년자도 성인과 동등한 권리를 가져요. 성인과 같은 기준으로 최저임금의 적용을 받고, 노동 환경과 안전 또한 성인과 같은 수준으로 제공되어야 해요. 미성년자라고 해서 마음대로 해고해서도 안 되고, 정당한 사유가 있어야 해고할 수 있어요. 최소 30일 전에는 해고 사실을 당사자에게 알려 주어야 해요.

무슨 일이든 근로계약서를 꼭 써야 해요

근로계약서는 임금과 근로시간처럼 아주 중요한 근로 조건을 명확히 정하는 서류예요. 정규직, 일용직, 계약직, 아르바이트 등 노동을 제공하고 임금을 받는 사람이면 누구라도 꼭 근로계약서를 써야 해요. 노동자는 사용자에게 근로계약서를 작성하도록 요구할 권리가 있어요.